LE PAROLE DELLA JIHAD

Stefano De Angelis

ISBN: 1536907391
ISBN-13: 978-1536907391

INDICE

Alle persone più importanti della mia vita,
alla vita stessa
e un po', soltanto un po',
anche a me

RICONOSCIMENTI

Questo libro è frutto di un lungo e instancabile lavoro di ricerca condotto nel corso degli anni. Ogni volta che ho sottolineato o trascritto un nuovo termine sulla mia agenda, l'ho fatto pensando alle pagine che avete ora tra la mani.

Ritengo altresì giusto, ringraziare tutti coloro i quali hanno contribuito con consigli, suggerimenti, esperienze di vita, due semplici chiacchiere davanti a un caffè e una profonda e sincera amicizia, alla realizzazione di questo progetto.

In ordine alfabetico: la Dott.ssa Yvonne Antonoglou, il Generale Ernie Audino, il Prof. Paolo Di Vincenzo, S.E. l'Ambasciatore Uchenna Ekwo, la Prof.ssa Maria Fosco, la Dott.ssa Cornelia Levi-Bencheton, il Dott. Sal Palmeri, Padre Vincenzo Rosato, il Prof. Antonio Rossini, il Dott. Robert Russo, il Prof. Joseph Scelsa, la Prof.ssa Laura Qirko e tutto il personale della Questura di Chieti.

Senza l'aiuto, il sapere e l'esperienza di questi veri amici, probabilmente la realizzazione del testo non sarebbe stata possibile.

INTRODUZIONE

Quando anni addietro mi avvicinai per la prima volta allo studio del terrorismo di matrice islamica, ebbi come prima sensazione, l'esigenza di dover studiare più lingue possibili, al fine di capire il significato di parole troppe volte incompresibili.

Il terrorismo odierno, come tutti drammaticamente sappiamo, non parla una lingua univoca, così come non ha un unico passaporto, un colore della pelle che lo contraddistingue o una comune linea di pensiero tra le varie frange che lo compongono. Purtroppo, e anche questo è assai noto, oggi il terrore di stampo jihadista si maschera, o si identifica, dietro una religione, sfruttando le varie interpretazioni, manipolando folle di fedeli, smuovendo masse in quei Paesi dove il radicalismo funge non solo da collante politico e sociale, ma anche da volano per condizioni economiche migliori, prospettive di vita più elevate e un rispetto da parte della comunità di riferimento, che spesso fa rima con timore. O terrore.

Il network terroristico che oggi semina morte e odio nel mondo in nome della jihad, riesce a sfruttare all'inverosimile la complessità di idiomi come l'arabo (la lingua di riferimento per tutti i credenti di fede islamica), il ceceno, l'indonesiano, il russo, ma anche lingue più comuni come l'inglese, l'italiano e il francese.

Rendendo disciplina questa capacità di distorcere o modellare, a proprio piacimento, il significato di alcune parole, il terrore ha reso la vita difficile non solo agli interpreti che lavorano a braccetto con i tutori della legge, ma anche ad esimi teologi di varie confessioni, illustri giuristi, giornalisti, scrittori e luminari di vari settori.

La libera interpretazione di parole, dettami, leggi non scritte, testi sacri e credenze popolari, ha generato talvolta sentenze folli, articoli di giornale e libri antisemiti, un pericolosissimo revisionismo storico da parte di studiosi e letterati, il negazionismo di drammi come l'Olocausto e la Shoah, la costante messa in discussione di valori non negoziabili, un'apertura folle e sconsiderata a chiunque si presenti come "il nuovo", un'accettazione passiva di episodi inaccettabili.

Una spiegazione mista ad un rispetto aprioristico, da parte della nostra società sempre più politically correct e perbenista, di termini e tradizioni degne del più profondo Medioevo, che fanno spregio della natura, del corpo e della dignità umana. Un esempio su tutti, i diffusi casi di infibulazione compiuti da padri radicali su innocenti bambine, al fine di "purificarle" in ossequio a folli tradizioni, che puntualmente vengono tollerate in troppi tribunali occidentali.

Una lettura del bagaglio culturale del prossimo,

sempre disposta a giustificare l'ingiustificabile, al tollerare l'intollerabile, ad apprezzare ciò che dovrebbe soltanto far indignare e inorridire ogni essere umano al mondo, specialmente se questi è cresciuto nella libera e secolarizzata società occidentale.

Società che oggi quasi si rifiuta di considerare valori non negoziabili, quei tratti portanti che l'hanno resa la civiltà più progredita della storia, l'unica che ha dato (non sempre riuscendoci fino in fondo) diritti uguali per tutti, l'unica che ha scritto nero su bianco che ogni individuo nasce libero, l'unica che tutela e valorizza la libertà di pensiero, l'unica che ha elevato a valore e bene supremo la vita umana.

Ed ecco che la libera interpretazione di termini, tradizioni e dettami provenienti da popoli, culture e luoghi lontani, ha generato dei veri e propri mostri, in una società perbenista e rassegnata al punto che si rifiuta di aprire gli occhi sull'evidenza dei fatti.

Sull'evidenza che siamo sotto attacco. Che ci fanno saltare in aria con la consapevolezza di restare spesso impuniti, che sgozzano persone innocenti in mondo visione decantando un califfato da importare, che impongono la loro legge del più forte a suon di bombe e raffiche di mitra nelle nostre strade.

Consci, oggi più che mai, che una soluzione si trova sempre con le nostre leggi troppe volte garantiste con emeriti criminali e giustizialiste con perfetti disgraziati. Che una giustificazione salta sempre fuori, con i nostri media impegnati il più delle volte a stigmatizzare episodi di scovolgente ed efferata violenza. Che una riabilitazione sociale agli occhi del grande pubblico si riesce sempre ad ottenerla, grazie alla nostra società sempre pronta a definire "psicolabile", "depresso" o addirittura "bisognoso d'aiuto", un radicale, un fondamentalista, un terrorista.

Ecco che diventa essenziale comprendere il reale senso di alcune parole, specialmente se si appartiene a quella schiera di persone che oggi deve tutelare l'ordine pubblico, il rispetto delle leggi, la vita di noi tutti.

Ecco che diventa un imperativo morale perfino per la società civile, capire cosa si cela dietro una parola all'apparenza innocente, ma che detta da una determinata persona, in un determinato contesto e con una determinata tempistica, può divenire potenzialmente fautrice di una tragedia.

Ecco che diventa un dovere di noi tutti istruirci, conoscere, viaggiare, studiare il prossimo e le sua cultura, ma ancor di più la nostra storia con i suoi annessi valori.

Perchè se è vero che non esiste dialogo tra società miopi ed ignoranti, è altrettanto vero, oggi più che mai, che non esiste futuro, per una civiltà che si rifiuta di combattere per i valori e gli ideali che l'hanno resa libera e grande.

LA NUOVA ERA DELL'ANTITERRORISMO

Figure inedite per combattere i jihadisti.

All'interno di un fenomeno complesso come solo quello terroristico riesce ad essere oggi giorno, sono molti i fattori di cui si deve tenere un'alta considerazione quando si vanno a effettuare studi, ricerche o progetti di lavoro in materia.

Un tale fenomeno chiama in causa tutta una serie di discipline, oggi considerate indispensabili, per riuscire ad interpretare non solo le azioni che possono precedere un ipotetico attentato, ma fondamentali per ricostruire la storia dell'individuo jihadista, comprenderne la sua mentalità, il suo modo di ragionare, il suo modus vivendi e perfino il modus operandi.

Quando analizziamo il profilo di un fondamentalista, nel nostro caso specifico di matrice islamica, parliamo di un individuo dalle sfaccettature a dir poco liquide, flessibili, talvolta incoerenti, ma sempre e comunque votate alla causa della jihad.

Ogni azione, ogni pensiero, ogni parola, può essere inserita all'interno di un quadro più grande, alle volte machiavellico, che può avere come fine il riciclaggio del denaro di una data comunità, la copertura di una cellula dormiente, l'insediamento di un cosiddetto "centro culturale", l'instaurazione di un Califfato o la realizzazione di un attentato.

Con una complessità di tale portata, oggi giorno tra coloro che si propongono di combattere il terrorismo, a prescindere che essi siano strateghi, agenti dei servizi segreti, ricercatori scientifici o membri delle forze dell'ordine, sono nate delle figure a dir poco inedite, se non impensabili soltanto qualche anno fa, che hanno letteralmente rivoluzionato il nostro modo di difenderci dal terrore. Ma andiamo per gradi.

Da quando ho intrapreso la mia carriera di istruttore e docente di antiterrorismo presso corpi di polizia e militari, ho avuto modo di lavorare con una varietà sconfinata di figure.

Oltre i canonici vertici militari e di polizia, le elitè che compongono i gruppi oggi impegnati nella guerra al terrorismo, abbiamo un'infinita varietà di figure, più o meno prevedibili, che possono comporre l'antiterrorismo odierno: ingegneri, psicologi, economisti, esperti di lingue, archeologi e ovviamente sociologi. Ma non solo.

Abbiamo anche figure particolarissime, rese necessarie dall'avvento di una nuova forma di terrorismo, che attacca la nostra civiltà con modalità sempre più imprevedibili. Ecco che si sono rese necessarie le competenze, sotto forma spesso di consulenza ma non solo, di registi hollywoodiani, di ragazzini-hacker, di grafologi, epistemiologi, gemmologi e perfino di geologi ed esperti di riviste patinate, tanto è vario e complesso oggi l'universo terroristico.

Queste figure, specialmente nei Paesi che hanno da poco intrapreso una seria attività di lotta al terrore, non sempre vengono associate facilmente all'antiterrrorismo.

Certo, se parliamo di alti gradi militari o forze dell'ordine, viene quasi scontato pensare che si occupino della nostra sicurezza e della nostra incolumità.

Ma già pensando ad un sociologo, qualcuno potrebbe fare difficoltà a collocarlo all'interno di un gruppo che tutela il nostro quotidiano, studiando le migliori metodologie per garantire una qualche forma di sicurezza urbana o internazionale.

Forse viene ancor più difficile immaginare un economista all'interno di tale gruppo, un antropologo, uno psicologo o un esperto di lingue. Addirittura in alcuni Paesi si sono iniziati ad inserire pedagogisti ed epistemiologi, per cercare di fornire un quadro sempre più esaustivo e comprensivo di più sfumature possibili, riguardo un ipotetico terrorista o il suo gruppo d'azione.

Ma come operano queste figure? La risposta potrebbe sembrare scontata, ma non lo è affatto. Cerchiamo di fare qualche esempio.

La prima figura citata, quella degli ingegneri, non si riferisce ad una particolare branca dell'ingegneria. Certo, volendo essere pignoli, possiamo dire che un ingegnere informatico avrà più probabilità di un ingegnere meccanico, di riuscire a far parte di un corpo specializzato in antiterrorismo.

I motivi sono molteplici e palesi: il terrorismo odierno, non a caso spesso definito 2.0, è quella forma di crimine che si avvale più di ogni altra dell'ausilio del mezzo informatico in ogni sua forma.

Social media sviluppati su misura, blog, giornali e propaganda online, chat, perfino i videogiochi, sono diventati oggi strumenti indispensabili di ogni jihadista o aspirante tale, per poter compiere la propria attività criminale. Ma non è tutto qui.

Negli ultimi anni, oltre alle tristemente note tipologie d'attacco a cui il terrorismo ci ha abituato, (giusto per citarne un paio: camion imbottiti di esplosivo lanciati a tutta velocità contro un dato obiettivo, o kamikaze che compiono stragi di cittadini innocenti con fucili d'assalto come accaduto al Bataclan di Parigi o in un night club di Orlando), si sono aggiunti gli attentati compiuti online.

Un attacco hacker contro un obiettivo sensibile, che può essere il database di un'agenzia federale piuttosto che il sistema di controllo di una centrale elettrica o nucleare, può generare danni catastrofici all'interno di una società postindustriale, con un'economia basata sui servizi e particolarmente dipendente dalle nuove tecnologie come la nostra .

Gli ingengneri informatici si collocano all'interno di questo quadro. Si rendono necessari in quanto senza le loro competenze, senza la loro capacità di difendere i nostri interessi nazionali online, ogni Paese si può definire sconfitto in partenza nella lotta al terrorismo odierno.

Se prendiamo in considerazione la figura dello psicologo, con tutta probabilità esso andrà a studiare i processi psicologici che vengono attuati da un terrorista prima di un attentato. O magari gli effetti sulla psiche di un percorso di radicalizzazione intrapreso da un giovane musulmano occidentale, facente parte delle cosiddette "seconde generazioni", che abbandona le comodità e le garanzie offerte nel proprio Paese, per imbracciare le armi e combattere sotto la bandiera del Califfato.

Ovviamente, in un contesto simile, la figura dello psicologo può tornare estremamente utile nell'ambito di un interrogatorio.

Altra figura indispensabile oggi giorno, all'interno di ogni gruppo che combatte il terrorismo internazionale, è quella dell'economista.

In un mondo dove il 90% del denaro è divenuto di forma elettronica, diventa sempre più arduo tracciare i flussi economici che il terrorismo riesce a generare. Un vero e proprio fiume di soldi, che si calcola in decine di miliardi di dollari ogni anno, ovviamente destinato all'attività terroristica, che non sempre si produce mediante i canonici settori in cui il terrore è in affari.

Spesso si pensa al terrorismo odierno, specie quando si parla del terrorismo di matrice islamica, come uno sgangherato gruppo di ignoranti male armati, che privi di soldi e strategie, si propone di instaurare in modo goffo ma spietato, un Califfato o la *sharia* in tutto il mondo. Questa immagine è quanto di più lontano dalla realtà.

Il terrorismo internazionale, soprattutto quello jihadista, si può identificare oggi giorno come una vera e propria multinazionale del terrore, con le stesse dinamche e le stesse figure lavorative di qualsiasi altra multinazionale.

Traffico di sostanze stupefacenti, racket, ricilaggio, finanza d'assalto, operazioni bancarie ai massimi livelli, commercio di minerali e metalli preziosi, vendita di petrolio, la famigerata *zakat* che spesso (non del tutto inconsapevolmente) viene riversata nelle casse della jihad, sono soltanto una parte dell'ingente portafoglio economico messo in piedi dai jihadisti del nuovo millennio.

Questo ventaglio di attività economiche, che lascia intendere un'economia a dir poco florida e in espansione, richiede all'antiterrorismo odierno una figura esperta di economia e finanza, che riesce a ricostruire gli ingenti spostamenti di denaro che il terrorismo quotidianamente compie, che comprende le dinamiche economiche che intercorrono tra le vari componenti di un gruppo jihadista e che in definitiva capisce quando e come, una determinata somma di denaro, sta per essere reimpiegata in una data attività criminale, che può andare dal semplice trasferimento di fondi a terzi o, peggio, a un attentato.

Pertanto un economista che lavora nel mondo dell'antiterrorismo, conosce alla perfezione la *zakat* e l'*hawala*, riesce a ricostruirne i percorsi e le destinazioni di arrivo, intuisce il reale pericolo che si cela dietro una data somma e dove essa può essere custodita.

Con l'avvento di Al Qaeda prima e dell'Isis poi, si sono rese necessarie le consulenze di eminenti archeologi, che talvolta lavorano in pianta stabile all'interno di agenzie federali imoegnate nell'antiterrorismo.

Questa figura per certi versi inimmaginabile, è particolarmente necessaria oggi giorno, in quanto i territori conquistati dallo Stato Islamico, oltre ad essere densi di petrolio e minerali di ogni tipo, sono altrettanto ricchi di reperti archeologici.

Sebbene una volta i talebani si preoccupassero di distruggere tutto quel che trovavano sul proprio cammino, compresi reperti storici con migliaia di anni alle spalle, oggi le milizie del califfo Al Baghdadi, salvo rari casi come la distruzione del Tempio di Bel a Palmira, ben si guardano dal rovinare quel che spesso rende tanto quanto l'oro nero.

Il mercato nero dei reperti archeologici rappresenta una delle voci principali con cui il Califfato oggi fa cassa, riuscendo a vendere anche ad istituzioni museali di caratura mondiale, tutto ciò che di storicamente rilvante rinvegono all'interno dei territori conquistati. Emblematici i casi dei Santuari di Sufi, del Mausoleo di al-Shaab e al-Dahman o la Tomba ottomana di Zawiyhat al-Damani, caduti tra le mani delle milizie nere di Al Baghdadi dopo la conquista della Tripolitania e della Mesopotamia nel Marzo 2015.

Questo vero e proprio tesoro, frutta un giro di affari di diverse centinaia di milioni di dollari ogni anno. Compito degli archeologi è l'individuare possibili siti appetibili per il terrorismo in quelle zone in cui esso spadroneggia e detta legge, ma non solo, per prevenirne l'eventuale caduta.

Importantissime sono anche le stime effettuate sui carichi di reperti archeologici intercettati dai corpi di Polizia di tutto il mondo, che partiti dai porti libici si dirigevano verso musei dell'estremo Oriente.

Se gli archeologi hanno un ruolo di primo piano, i geologi hanno sicuramente un ruolo di pari o superiore importanza. Il terrorismo odierno è riuscito laddove nessuno era mai riuscito prima d'ora: conquistarsi un pezzo di terra e issarvi una bandiera nera.

Quel che noi definiamo Isis, il comunemente detto Stato Islamico, è quel lembo di terra che intercorre tra la Siria e l'Iraq. Sostanzialmente la sua grandezza è paragonabile a quella di uno Stato di medie o piccole dimensioni, con una popolazione esigua, ma è il sottosuolo a rendere particolarmente interessante questo fazzoletto di territorio.

Ebbene, come in tutto il Medio Oriente, anche il terreno su cui oggi svetta la bandiera dell'Isis nasconde ingenti risorse petrolifere e minerarie, che vanno a costituire una delle primissime voci tra le esportazioni effettuate dallo Stato Islamico.

Compito dei geologi è tracciare una mappa dei siti d'estrazione, con una stima dell'eventuale ricchezza del sottosuolo e dei ricavi che esso può generare per il network terroristico, o definire gli eventuali rischi geologici che si possono generare a seguito di un bombardamento della zona.

Ovviamente il campo dei geologi non si limita ad una mera analisi degli idrocarburi e dei minerali che generano introiti per il terrorismo. Decisamente importante è lo studio idrogeologico di una data zona caduta sotto il controllo dei jihadisti. Come tutti sappiamo, l'acqua è un elemento fondamentale per la sopravvivenza dell'essere umano, di conseguenza un territorio con scarse o nulle risorse idriche diverrà ben presto una terra di nessuno costringendo un gruppo terroristico a trovare altri territori per insediare le proprie milizie.

Questo ragionamento implica una sorta di "prevedibilità" delle azioni che essi andranno a compiere, ed ecco che le competenze geologiche diventano oggi essenziali per combattere il terrore.

Una figura decisamente meno convenzionale, anzi assolutamente fuori dagli schemi, è quella riconducibile ai registi e scenografi, che fino a pochi anni fa avevano, come prevedibile, un ruolo lavorativo prettamente cinematografico. Ma andiamo anche qui per gradi.

L'11 settembre ha cambiato per sempre il nostro modo di vivere e subire il terrorismo. L'immagine di questi due aerei che prima planano e poi si schiantano contro le Torri Gemelle di New York, producendo successivamente esplosioni a catena e il collasso del World Trade Center[1] , ha portato ad una spettacolarizzazione dell'attentato terroristico.

Come se fosse un macabro reality che deve entrare nell'immaginario collettivo per condizionare le vite di noi tutti, il terrore a distanza di quindici anni dai quei drammatici fatti che cambiarono per sempre il corso della storia, ha compiuto un ulteriore passo avanti nello spettacolarizzare un attentato, piuttosto che un'esecuzione o una campagna di reclutamento per aspiranti jihadisti.

L'Isis è una degna prova di come oggi il fattore comunicativo giochi un ruolo determinante, in primis per la diffusione della jihad in tutto il mondo, ma soprattutto per gli effetti generati sul pubblico occidentale.

---

1   Il World Trade Center, spesso abbreviato in WTC, era un complesso edile sorto nel 1972 a Downtown Manhatthan (NYC). Principale bersaglio degli attentati dell'11 settembre 2001, in cui morirono oltre tremila persone, veniva identificato con le sue due torri simbolo, le cosiddette Torri Gemelle. Oggi laddove sorgeva il WTC, vi è sito il 9/11 Memorial (composto da due fontane che ricalcano la piante delle Torri, un parco e un museo), e un nuovo immenso complesso edile che riprende il nome del precedente, il cui simbolo è la Freedom Tower che, dall'alto dei suoi 1776 piedi, oggi svetta sulla skyline di New York.

Possiamo prendere come esempio il video inerente l'esecuzione del giornalista americano James Foley[2], girato pochi mesi dopo il suo rapimento avvenuto in Siria, più precisamente il 19 agosto 2014 nei pressi di Raqqa in Iraq.

Nel video si vede il giornalista americano vestito con una tuta arancione (un evidente richiamo alle divise dei terroristi detenuti a Guantanamo), in ginocchio dinanzi al terrorista con passaporto britannico noto con il nome di Jihadi John, che vestito di nero si appresta ad eseguire la decapitazione del prigioniero, o del miscredente secondo la visione jihadista, con un coltello da cucina (un altro esplicito richiamo, questa volta all'interpretazione che i jihadisti danno del Corano ai versi 8:12 e 2:191).

Il set è quanto di più asettico e minimal, il deserto, un luogo naturalmente ostile all'essere umano, ancor di più per il metropolitano pubblico occidentale, che percepisce un disagio estremo dinanzi a quella distesa di sabbia e null'altro. Il video rigorosamente in high definition, si conclude in modo drammatico e spietato, con la decapitazione del giornalista americano e titoli di coda a seguire che incitano alla jihad in tutto il mondo.

---

2   James Wright Foley, è stato un giornalista e fotoreporter statunitense. Rapito in Siria nel 2012, il 19 agosto 2014 è stato brutalmente decapitato in diretta mondiale dal terrorista britannico Jihadi John, diventando il primo cittadino americano ucciso dal sedicente Stato Islamico.

Tutti questi elementi, messi insieme, rendono il video assolutamente macabro, ma anche particolarmente efficace dal punto di vista comunicativo, perchè colpisce l'immaginario collettivo dei jihadisti che ceercano di far proseliti e in maggior misura, tra coloro che oggi vivono uno stato di perenne ansia e frustrazione generato dal pericolo terroristico.

I registi e gli sceneggiatori presi in prestito dall'ovattato mondo cinematografico, sono essenziali per ricorstruire il montaggio del video, per comprendere al meglio le tecnologie utilizzate per realizzarlo e perfino per attestarne la veridicità. Mediante questo lavoro fatto di piccoli particolari, si è risaliti a jihadisti che avevano addirittura lavorato in precedenza nel jet set hollywoodiano, dove avevano acquisito e studiato le competenze necessarie per girare tali video, e che poi sono partiti alla volta della Siria dove oggi prestano i propri servizi allo Stato Islamico.

Infine, non posso fare a meno di citare i sociologi. Ovviamente essi si occupano di fornire un quadro il più dettagliato possibile sulla società oggetto di studio, con relativa composizione sociale e la varietà di individui che la compongono, con le diverse realtà etniche e confessionali che la costituiscono, i diversi rapporti di potere che intercorrono tra gruppi sociali, nella fattispecie gruppi fondamentalisti.

Il terrorismo odierno, uno dei fenomeni considerati liquidi per eccellenza, diviene cosi naturale oggetto di studio per molti sociologi contemporanei, che lavorano nel mondo accademico o in strutture dedite alla sicurezza internazionale.

Ad esempio, nel mondo islamico sono oggi in atto dei radicali e repentini mutamenti, che stanno sconvolgendo quel che per secoli è stato considerato un equilibrio sociale sostanzialmente intoccabile.

Negli ultimi decenni, con il boom del petrolio e i successivi investimenti effettuati su scala mondiale dai fondi sovrani di molti Paesi arabi, sono nate nuove classi sociali panarabe, sempre più abbienti e al contempo paradossalmente sempre meno istruite, che spesso fungono da sostegno finanziario alla diffusione del fondamentalismo islamico nel mondo, mediante ingenti donazioni e forme di autofinanziamento.

Così come i rapporti tra gruppi terroristici e mafie arabe o africane sono sempre più stretti, con ripercussioni drammatiche non solo sugli autoctoni e i relativi territori, ma anche e forse soprattutto, nei rapporti di potere tra Paesi già dilaniati da guerre e carestie (emblematico il caso di Boko Haram che ha quasi totalmente sovvertito uno storico sistema di potere, la potentissima mafia nigeriana, relegandola in patria e all'estero ad un mero ruolo di manovalanza del terrore).

Ma è la globalizzazione[3], ad aver reso il

---

3 Con globalizzazione ci riferiamo a quel processo di interdipendenze sociali, economiche, culturali, politiche e tecnologiche I cui effetti, a prescindere se essi positivi o negativi, hanno una rilevanza planetaria. Tale processo

sociologo una figura presente, indispensabile. in tutti gli apparati dediti alla sicurezza internazionale.

Tale processo è tra i fenomeni più discussi nella sociologia contemporanea.

Avendo prodotto l'abbattimento di barriere non solo logistiche, ma talvolta anche materiali e mentali, che hanno generato molti aspetti positivi nella nostra vita quotidiana. Su tutti: rapido scambio di comunicazioni e informazioni, opportunità economiche mondiali, la drastica contrazione della distanza spazio-temporale, la riduzione dei costi per i beni che l'utente finale andrà ad acquistare (grazie all'aumento della concorrenza su scala internazionale), solo per citarne alcuni.

Ma al contempo, ha generato i noti problemi di degrado ambientale, di progressive riduzioni delle sovranità nazionali, della diminuzione della privacy, di concorrenza sleale tra Paesi inseriti nello stesso mercato ma con differenti legislazioni, e potremmo andare avanti con altri esempi.

Nel nostro caso, la globalizzazione, sebbene abbia comportato una maggiore interazione tra i diversi attori impegnati su scala internazionale nella lotta al terrore, ha contribuito come nessun altro fenomeno prima d'ora, alla diffusione e all'arricchimento dei principali gruppi jihadisti del mondo. Proprio perchè tal gruppi hanno potuto

---

così come lo conosciamo oggi, ha avuto inizio nella seconda metà del XX secolo, ed ha comportato un'uniformazione non solo del commercio, ma soprattutto delle culture, del pensiero e dei costumi.

godere, dei medesimi benefici di cui hanno usufruito le persone oneste, le piccole e medie imprese, i governi, le associazioni di ogni tipo e ovviamente le aziende multinazionali.

Tra i vari effetti generati, non possiamo fare a meno di considerare il flusso interminabile di migranti che, sfuggendo talvolta (ma non sempre) da guerre e carestie, muovono dal sud al nord del mondo importando nel laico e liberale Occidente, modelli culturali difficilmente assimilabili dalla nostra società.

Generando, in ultima analisi, un'inequa redistribuzione della ricchezza su scala mondiale, con gruppi terroristici e Stati sponsor del terrore che hanno beneficiato a dismisura del processo di deregulatione ultrafinanziarizzazione dell'economia, arrivando oggi giorno a detenere o controllare indirettamente, patrimoni incalcolabili.

Dato ancor più preoccupante, è l'aver creato delle metropoli con periferie sempre più degradate e abbandonate a se stesse, vere e proprie culle del terrorismo islamico, che trova tra le seconde e terze generazioni di migranti migliaia di nuovi jihadisti, pronti a sposare la causa fondamentalista per senso di appartenenza al gruppo sociale di riferimento, per rivalsa nei confronti della società occidentale (sebbene da essa siano stati accolti e sostenuti) e per un risveglio dei valori islamici più radicali.

E potremmo andare avanti con altri innumerevoli esempi.

In questo quadro a dir poco intricato, il sociologo si inserisce elaborando politiche sociali e di sicurezza urbana, che riescano al contempo a tutelare la società civile e a far emergere in tempi rapidi eventuali situazioni critiche; analizzando la presenza di particolari comunità spesso malcelate espressioni del radicalismo più esasperato, che celano al proprio interno individui devoti alla jihad, resi invisibili all'occhio del cittadino comune grazie alla *takia*.

Infine, altro compito gravoso, è l'interpretazione dei flussi di migranti partiti da un Paese sotto stretto controllo jihadista, al fine di identificare eventuali cellule nascoste e in attesa di ordini per entrare in azione, e lo studio delle più recenti tecniche di reclutamento e proselitsmo messe in atto dal terrorismo internazionale, al fine di cooptare nuovi seguaci, spesso ragazzi autoctoni ed insospettabili.

Ecco come oggi il nuovo corso intrapreso dall'antiterrorismo mondiale, si avvale di tutta una costellazione di figure, una miriade di professionisti della sicurezza ultra specializzati in competenze che spesso esulano dalla classica dottrina militare e che, proprio per questo, si sono rese indispensabili nel corso degli ultimi anni, per affrontare adeguatamente un nemico che cambia continuamente pelle.

Questo nuovo approccio, ha portato ad un interessamento verso discipline tanto tecniche quanto umanistiche, equiparando lo studio e lo sviluppo di un fucile d'assalto M4[4] in dotazione alla

---

4 Il fucile d'assalto M4 è un'arma in dotazione in tutti I reparti speciali delle forze armate statunitensi, tra cui Navy

SWAT[5], all'analisi degli individui e delle società che oggi hanno dichiarato guerra ai valori fondanti della nostra civiltà.

Il ruolo della società civile.

Ma la nostra società civile come percepisce questo pericolo? In un mio precedente libro, dissi che non si possono difendere valori come la libertà e la democrazia, se non si conoscono approfonditamente gli antivalori di cui i terroristi si fanno portatori.

Non si possono apprezzare le bellezze di una società libera e liberale, se non si capisce la drammaticità che comporta una società priva di diritti, illiberale, che disprezza la vita umana, l'uguaglianza e la valorizzazione delle alterità.

Se oggi il terrorismo trova ampi spazi di manovra, non solo in Paesi che vivono sotto la morsa del fondamentalismo ma anche in Occidente, forse il motivo è da rintracciare in una società troppe volte buonista, forse disillusa, assolutamente

---

Seals, Delta Force e Marines. E' prodotto dall'azienda Colt's Manifacturing Company negli USA.

5   Acronimo di Spwecial Weapons And Tactics, è un termine che indica le unità speciali destinate ad operazioni di antiterrorismo, liberazione ostaggi e antisommossa. Presente in quasi tutti I dipartimenti di Polizia degli Stati Uniti d'America, è l'equivalente dei GIS e NOCS italiani, dei BOPE brasiliani e della SAS britannica.

non disposta a battersi per dei valori non negoziabili, che si rifiuta di aprire gli occhi dinanzi ad un problema che solo nell'ultimo anno ha mietuto centinaia di vittime proprio in Occidente.

Una società, che spesso minimizza, riduce a mera cronaca, attentati come quello di Parigi del 13 Novembre 2015[6], in cui centotrentasette ragazzi sono stati barbaramente uccisi nella discoteca Bataclan e in locali attigui, da un gruppo di jihadisti con passaporto francese che urlava "Allah Akbar" nel mentre compiva la carneficina.

Una società che presta il fianco a chi ci vuole uccidere, come dimostrato nell'attentato all'aeroporto di Bruxelles del 22 marzo 2016[7] Dei tre kamikaze che hanno massacrato trentacinque civili inermi, uno era già stato estradato dal governo turco per sospetta attività terroristica, ma questi, una volta approdato in Europa, avrebbe rapidamente riottenuto la libertà per mancanza di prove.

---

6   Ci riferiamo agli attentati compiuti nei quartieri di Saint Denis e arrossignment XVI, ma soprattutto nella discoteca Bataclan e locali atttigui, nella notte del 13 novembre 2015. Il commando di jihadisti che ha compiuto la strage era legato al Daesh, ed ha mietuto centotrentasette vittime totali e diverse centinaia di feriti, prevalentemente giovani presenti al concerto del noto club parigino.

7   Con gli attentati di Bruxelles del 22 marzo 2016 , l'Isis ha compiuto per la prima volta una strage con trentacinque morti e diversi feriti, nel cuore della capitale europea. Obiettivi dell'attacco: l'aeroporto internazionale di Bruxelles e la stazione della metropolitana di Maalbeek.

L'ennesimo caso in cui si palesano tutte le nostre lacune legislative in materia di terrorismo, con i governi di tutto il mondo che emanano leggi speciali solo ed esclusivamente in condizioni di estrema emergenza e necessità, come accaduto negli Stati Uniti dopo l'11 settembre con il Patriot Act[8].

Un episodio che evidenzia in modo drammatico come tutt'ora in Occidente, nonostante i ripetuti e trasversali attacchi compiuti, il terrorismo possa ancora godere di differenti criteri legislativi in base al Paese che lo giudica.

Una società sempre disposta a trovare una scusa su misura per l'attentatore di turno. Come nel caso della strage di Orlando del 12 giugno 2016[9], dove un terrorista islamico di origine afgana ha imbraccciato un fucile d'assalto, è entrato in club frequentato prevalentemente da omosessuali e ha aperto il fuoco.

---

8 Acronimo di Uniting and Strengthening America by Providing Appropriate Tools Required to Intercept and Obstruct Terrorism Act of 2001. E' una legge federale statunitense, emanata dal Congresso subito dopo gli attentati dell'11 settembre 2001 e volta a proteggere il territorio degli Stati Uniti da altri possibili attacchi terroristici.

9 Strage compiuta nella notte del 12 giugno 2016, nel night gay club Pulse di Orlando. Compiuto da un cittadino americano di origine afgana, con movente chiaramente omofobo riferibile all'islam più radicale, è la più grande sparatoria di massa nella storia degli Stati Uniti, con cinquanta morti finali e cinquantatre feriti gravi.

Bilancio di cinquanta morti e cinquantatre feriti. Ma per giorni, ingenuamente, o forse ipocritamente, si è seguita la pista del delitto passionale nonostante l'autore della strage, Omar Saddique Mateen, fosse insieme al padre un noto sostenitore dei talebani in Afghanistan.

Dettaglio non da poco, dato che tra i punti cardine del regime talebano, ma non solo, spiccano le persecuzioni e le esecuzioni sommarie di cittadini omossesuali, in quanto considerati "miscredenti".

Con tutta probabilità, Mateen non era una cellula attiva nella jihad internazionale, ma è a dir poco evidente che il movente alla base della strage sia l'omofobia, un tratto portante delle società islamiche più militanti e radicali, come testimoniano ulteriormente le centinaia di esecuzioni eseguite dall'Isis in Iraq, Libia, Mauritania e Siria ai danni di persone omosessuali.

Una società che ha paura a chiamare il nemico con il proprio nome, come accaduto con la recente strage di Nizza del 14 Luglio 2016[10], in cui un attentatore franco-tunisino si è lanciato con un camion a tutta velocità, sulla folla presente lungo la

---

10 Tale attentato, segna in qualche modo un punto di svolta nella storia degli attentati compiuti in Europa da elementi jihadisti. In quanto introduce una modalità d'attacco finora attuata solo in Israele da parte di attentatori palestinesi appartenenti ad Hamas. Ovvero l'uso di un furgone merci lanciato a tutta velocità su una folla di persone inermi. Bilancio finale della strage è di oltre cento morti e quasi trecento feriti.

Promenade des Anglais in occasione dei fuochi pirotecnici per la Presa della Bastiglia.

Bilancio di oltre ottanta morti, uomini, donne e bambini, di tutte le etnie e confessioni, barbaramente uccisi da un terrorista poi definito dalle autorità come un depresso e psicolabile, a seguito della separazione dalla moglie.

Una società dove ci si indigna sulla base di chi viene colpitpo dall'attacco. Basti pensare al caso di Padre Jacques Hamel[11], il prete di ottantasei anni sgozzato sull'altare della chiesa di Saint-Etienne-du Rouvray, da due fondamentalisti islamici poco più che maggiorenni.

Ebbene, i due assassini sono entrati nel corso della funzione religiosa urlando "Daesh, Daesh", hanno fatto inginocchiare il prete, lo hanno costretto a recitare in arabo dei versetti del Corano dinanzi ai presenti, per poi sgozzarlo in quanto "infedele".

Nonostante questi dati palesi, frutto di testimonianze immediatamente raccolte dalle autorità intervenute, per ore abbiamo aspettato a definire questa mattanza per quel che era, ovvero l'ennesimo attentato jihadista nel cuore dell'Europa.

Dato ancor più eclatante è l'assordante silenzio che ha accompagnato per giorni questa barbara

---

11 La prima esecuzione di un prelato su territorio europeo. Compiuta da due cittadini francesi di origine magrebina che, dopo aver fatto inginocchiare il parroco dinanzi ai suoi fedeli nel corso di una Messa che Padre Hamel stava celebrando, l'hanno barbaramente sgozzato per non aver saputo recitare alcuni versetti del corano in lingua araba.

esecuzione. Nessun hastag modaiolo sullo stile di "Je Suis...", nessuna manifestazione di massa nelle piazze europee, nessun drappo nero appeso davanti le sedi delle principali istituzioni occidentali.

Solo ed esclusivamente una timida e blanda iniziativa promossa dalla Chiesa Cattolica, che a bassa voce e con un pò di rassegnazione per l'attacco subìto, ha invitato i credenti musulmani moderati a partecipare alla Messa della successiva Domenica, al fianco dei credenti di fede cattolica.

Iniziativa che peraltro ha riscosso ben poco clamore mediatico e un'adesione minima, per non dire irrisoria, limitata a poche migliaia di coraggiosi in tutta Europa, che hanno deciso di esporsi dinanzi non solo l'opinione pubblica, ma soprattutto agli occhi della propria comunità di riferimento.

Siamo insomma, una società che ormai quasi accetta passivamente una realtà drammatica, una quotidianeità fatta di attentati, di piombo che vola e sangue che scorre, nelle nostre strade occidentali come nelle polverose vie del Medio Oriente. Ci siamo talmente abituati alle stragi, che quasi non fanno più notizia, o perlomeno destano scalpore soltanto se vi sono almeno cento cadaveri riversi a terra.

L'antiterrorismo odierno lavora affinchè i terroristi abbiano vita dura e queste stragi siano limitate, perchè come ben sappiamo, è praticamente impossibile ridurre a zero il rischio di attentati in tutto il mondo.

Per svolgere questa missione, gli addetti ai lavori devono oggi giorno conoscere il terrorismo in ogni suo dettaglio, in ogni sua sfaccettatura, in ogni sua parola.

Conoscerne la storia, l'economia, l'ideologia, le modalità di finanziamento e di guerriglia, il processo di reclutamento, i vari preamboli all'entrata in azione di un jihadista, sono tutti tratti essenziali e fondamentali per combattere il terrore odierno.

Ma in primo luogo bisogna conoscere la testa di un jihadista, i ragionamenti che esso compie per portare a termine i suoi piani, le parole che usa nel proprio quotidiano per tessere la sua rete di contatti, morte e terrore.

Talvolta ci sfugge l'importanza che danno i fondamentalisti, all'uso o meno di un determinato termine nell'ambito di una conversazione. Al contempo ci riesce difficile capire come qualcuno possa urlare "Dio è grande" nel mentre toglie la vita ad un altro uomo.

Spesso ci rifiutiamo di aprire gli occhi su una realtà fatta di tanti piccoli dettagli, parole, nomi, sigle, termini, costruzioni grammaticali che vanno a comporre, quella che possiamo senza alcun dubbio definire, una vera e propria, palese ma al contempo, indecifrabile, lingua del terrore.

Alcune parole di uso quotidiano, praticamente prive di significato per la stragrande maggiornaza di coloro che le ascoltano, o comunque ritenute di difficile interpretazione perfino dagli addetti ai lavori, possono avere un ruolo centrale per comprendere il terrorismo.

Spesso queste parole hanno un'ambivalenza, un

doppio senso, un'ambiguità di fondo, che le rende sfuggevoli, perfette sia per un discorso di pace e fratellanza, che in una conversazione infarcita di odio e terrore. Quindi, come possiamo capirne di più?

Come detto in precedenza, è oggi fondamentale per un elemento impegnato a vario titolo nella lotta al terrorismo jihadista, avere una consocenza globale dei propri nemici.

La conoscenza delle parole che compongono questo universo oscuro e bramoso, diventa ovviamente fondamentale.

Ma si suppone che questa conoscenza non debba essere limitata a coloro che ogni giorno tutelano, o cercano di tutelare, la nostra sicurezza, il nostro quotidiano, le nostre abitudini, i nostri affetti, il nostro più che legittimo diritto alla vita.

Anzi, ritengo che senza una presa di coscienza da parte della società civile su una questione di tale importanza per il nostro avvenire, la nostra lotta al terrore sarà sempre priva di una parte determinante per la sopravvivenza dei nostri valori.

Ed ecco il perchè di questo libro. Frutto di anni di studio e lavoro, di registrazioni ascoltate fino allo sfinimento, di video visti e rivisti al fine di trovare un minimo dettaglio utile a ricostruire un dato evento, di conversazioni informali, di una raccolta materiale incessante e non sempre agevole.

Ma soprattutto di esperienza sul campo, di ore e ore passate a istruire agenti di polizia e corpi militari impegnati nell'antiterrorismo, di conferenze sparse per il mondo, di giorni passati al fianco di chi rischia la propria vita per salvare quella di innocenti cittadini, di anni di rabbia, orgoglio e passione, parafrasando con grande umiltà le parole Oriana Fallaci[12].

Questo libro non ha la subdola e boriosa pretesa, di spiegare un fenomeno difficile, articolato, nebbioso e complesso, quale soltanto il terrorismo islamico odierno riesce ad essere.

Non ha nemmeno la presunzione, di volersi collacare tra quei testi che assicurano una perfetta ed esaustiva comprensione, di cosa passa nella testa di un terrorista nelle ore che precedono un attentato o nei giorni passati a radicalizzarsi su una chat o in una moschea..

Non vuole essere un abecedario per chi vuole imparare qualche parola nuova, per poi rivendersela nel corso di una conversazione, senza averne realmente compreso il significato.

Piuttosto vuole essere una sorta di libretto d'istruzioni, un piccolo testo che permette di far luce su termini, nomi e parole, che magari inondano la nostra testa di immagini mediatiche quando un

---

12 Oriana Fallaci è stata una scrittrice, intellettuale e attivista italiana, che con i suoi libri (tradotti in tutto il mondo e venduti in milioni di copie) e le sue idee ha profondamente segnato la seconda metà del XX secolo. Fervente sostenitrice delle libertà individuali, considerata a pieno titolo una delle prime pensatrici neocon d'Europa, nell'ultima parte della sua carriera ha più volte attaccato il radicalismo islamico, specie a margine degli sconvolgenti attentati dell'11 settembre 2001.

attentato colpisce la nostra società, per poi dissolversi sempre più rapidamente quando la bufera è passata.

Nel complesso universo islamico, composto da un'infinita galassia di correnti di pensiero e visioni sul modo di vivere la propria fede, queste parole sono di uso quotidiano tanto per i normali credenti musulmani, quelli che spesso vengono definiti come moderati, che per i fondamentalisti che hanno giurato fedeltà alla jihad.

Al contempo, complice il fenomeno globalizzante del multiculturalismo e della multietnicità, tali parole sono diventate di uso quotidiano anche per noi cittadini occidentali, che del terrorismo siamo vittime e antagonisti. Ed ecco che, in questo quadro di convivenza quotidiana con colui che siamo soliti individuare come "l'altro generalizzato[13]", conoscere le parole che il fondamentalismo usa per seminare la jihad nelle nostre città è un primo passo, breve e timido, ma al contempo necessario, che la nostra società può e deve compiere per difendersi da questa spirale di odio, morte e terrore.

Una piccola precauzione che ogni cittadino moralmente impegnato può e deve compiere per

---

13 Celebre termine coniato dal sociologo americano George Herbert Mead, (tra i massimi teorici del Comportamentismo), volto ad identificare il prodotto dell'interiorizzazione dei ruoli sociali, cioè dei compiti che la società prescrive ai singoli in base alla loro posizione sociale.

tutelare non solo la propria vita, ma anche quella del prossimo.

Una forma di tutela per quel termine oggi in disuso, che ci ha formati e cresciuti, che ci ha dato le nozioni per vivere in un mondo difficile e complesso, che ci ha istruiti sui valori essenziali della vita e che qualcuno oggi, attuando tutta una serie di antivalori, vuole relegare a poche pagine di storia. La comunità.

Una sorta di manuale tascabile un pò sui generis, perchè fatto con parole che chissà quante volte abbiamo sentito pronunciare, che talvolta ci dicono tutto o forse nulla, che magari ci scivolano addosso, ma che nella testa di un jihadista possono significare una prossima strage.

Perchè quando parliamo di jihadisti solo un dato è certo: nella loro vita nulla accade, viene detto o fatto per caso.

Tutto ha sempre un senso. Le azioni fatte, hanno sempre un fine. Le parole dette, hanno sempre un determinato peso. Tutto viene sempre votato esclusivamente alla causa. L'unica causa che un terrorista di matrice islamica conosce: la jihad.

GLOSSARIO DEL TERRORE

A

Abu Ali Al Anbari: E' stato un generale iracheno del regime di Saddam Hussein che si è fatto strada nel gruppo Al Qaeda in Iraq, una delle precedenti incarnazioni dello Stato Islamico, dopo essere stato espulso da un altro gruppo radicale sunnita, gli *Ansar al- Islam*, colpito da accuse di corruzione finanziaria. Presumibilmente è nato a Mossul.

Stando a quanto viene riportato nella sua biografia ufficiale, la sua conoscenza della Sharia non è così approfondita come quella di altri militanti che sono stati posti ai vertici dell'autoproclamato Stato Islamico, rendendolo particolarmente inviso alla base del gruppo.

Attualmente è al governo dei territori siriani controllati dallo Stato Islamico, organizzazione di cui è secondo in linea comando (assieme ad Abu Muslim al Turkmani che si occupa dei territori iracheni).

Il suo ruolo politico è quello di supervisionare i consigli locali ed agire come delegato politico, mentre il ruolo militare consiste nel dirigere le operazioni contro i ribelli siriani che si oppongono al regime del presidente Bassar Al Assad, ma che al contempo ostacolano l'avanzata dello Stato Islamico in tale territorio, il tutto all'interno del più ampio conflitto, giornalisticamente e politicamente definito, *guerra civile siriana*[14].

Abu Bakr Al Baghdadi: Sedicente Califfo dell'autoproclamato Stato Islamico (*ISIS*), entità non riconosciuta sorta nel giugno 2014 in alcuni territori tra l'Iraq nord-occidentale e la Siria Orientale, di cui è considerato il *leader*.

E' considerato unanimemente il capo del sedicente Stato Islamico dell'Iraq e del Levante, organizzazione jihadista terroristica e fondamentalista attualmente attiva in Iraq, Siria, Libia, Mali e molti altri Paesi dell'Ovest Africa e, in maniera discontinua, in Tunisia.

Secondo una sua biografia postata su Internet nel 2013 da un militante dell'Isis, Abū Bakr al-

---

14 La guerra civile siriana, è quel conflitto iniziato nel 2011, a margine della Primavera Araba, che vede contrapposti le forze governative fedeli a Bashar al Assad e il fronte dei ribelli, quest'ultimo composto da una varietà di componenti. In meno di cinque anni oltre 400.000 persone sono morte, e diversi milioni di siriani sono stati costretti a fuggire dal proprio Paese.

Baghdadi ha conseguito un PhD in Studi Islamici presso l'Università di Scienze Islamiche di Al a-Zamyyia (trascritta in inglese "Adhamiya"), un sobborgo di Baghdad, ma in realtà i suoi studi rientrano nel campo del diritto.

Secondo alcune fonti Al Baghdadi sarebbe stato imam all'epoca della seconda invasione statunitense dell'Iraq del 2003 e ben presto entrò nei ranghi di Al Qaeda, sempre in Iraq, quando essa era diretta dal giordano Abu Musab Al Zarkawi.

In seguito divenne noto come l'*Emiro di Rawa*, nonché «[colui che] presiede tribunali religiosi volti a giudicare i cittadini accusati di aiutare il governo iracheno e le forze della coalizione; organizza il rapimento di singoli o intere famiglie, organizza l'accusa, pronuncia le sentenze e quindi li fa giustiziare pubblicamente[15]», non esitando a far uccidere i sostenitori del regime iracheno presieduto da Nuri Al Maliki.

Abu Sayyaf: Letteralmente, il nome significa <<colui che regge la spada>>; il gruppo è conosciuto anche con il nome al-Haraka al-

---

15 Frase pronunciata da un terrorista attualmente detenuto nel carcere statunitense di Guantanamo. Intercettato dalle autorità americane nel corso di un'operazione volta a scovare una cellula jihadista operante in Medio Oriente e Nord America, tale jihadista spiegava con dovizia di dettaglil il ruolo del Califfo al Baghdadi nel corso di pubblici processi a miscredenti, infedeli, alleati di forze occidentali e oppositori di altro genere.

Islamiya. Fondato nel 1991 e in origine sostenuto dalla Libia, è nato da una scissione del Fronte Moro di Liberazione Nazionale[16], capeggiato da Abdurajik Abu Bakar Janjalani.

Il suo obettivo è la costituzione di uno stato islamico a Mindanao, nel sud delle Filippine. Alla fine del 2002 si riteneva che contasse numerose centinaia di combattenti attivi e migliaia di sostenitori.

Le sue attività principali sono l'estorsione, gli attentati dinamitardi, i rapimenti, il controllo del traffico delle sostanze stupefacenti e gli omicidi di oppositori religiosi[17] e politici.

Abaya: E' un indumento femminile utilizzato in alcuni paesi musulmani, essenzialmente confinati alla zona del Golfo Persico.

---

16 Il Moro National Liberation Front (MNLF), è un'organizzazione politica paramilitare il cui scopo dichiarato è la secessione dalle Filippine, per creare uno Stato Islamico che vada a coprire le Isole Sulu, Palawan e Mindanao. Dotato di una forza organizzativa senza precedenti nel Paese asiatico, tale gruppo è arrivato a governare la regione autonoma islamica del Mindanao, creata appositamente dal Governo di Manila nel 1989.

17 Il gruppo è ritenuto responsaibile dell'uccisione del missionario italiano Padre Fausto Tentorio, barbaramente assassinato il 17 ottobre 2011, ritenuto colpevole di ostacolare, con la sua attività missionaria e caritatevole, l'opera di diffusione dell'Islam nel sud-est asiatico.

Esso nasce con la funzione di *hijab* in molti Paesi della Penisola Arabica. Si tratta di un lungo camice nero, di tessuto molto leggero, che copre tutto il corpo eccetto la testa, i piedi e le mani.

Per coprire la testa è poi consuetudine usare un altro indumento che varia a seconda del paese, come il *niqab*, che copre tutta la testa eccetto gli occhi, o un semplice velo che copre solo i capelli.

Abbottad: E' una città del Pakistan capoluogo del distretto omonimo, nella Provincia della Frontiera del Nord Ovest. Si trova a sud dell'Himalaya e 50 chilometri a nord di Islamabad sulla via del Sinkiang.

La città prende il nome da James Abbott, l'ufficiale dell'esercito britannico che, durante il *Grande gioco*[18], aveva svolto una missione nel khanato di Khiva per convincere il Khan a liberare gli schiavi russi detenuti nel Paese. La città conta 120.000 abitanti, ed è un importante centro commerciale; vi si trova un antichissimo mercato agricolo e zootecnico.

Abbottabad ha acquisito una certa notorietà quando, il 2 maggio 2011, forze speciali statunitensi hanno assaltato un complesso fortificato vicino al

---

18 Termine usato nell'ambito della guerra prevalentemente diplomatica e basata sui servizi segreti, avvenuta nel corso del XIX secolo tra il Regno Unito e la Federazione Russa. Tale termine fu coniato da un ufficiale dell'esercito britannico, Arthur Conolly, che lo utilizzò la prima volta nel 1829.

centro della città, presunto nascondiglio del leader di Al Qaeda, Osama Bin Laden.

Abubakar Shekau: Noto con il nome di battaglia di Darul Tawheed (Niger, 1974), è un terrorista islamico nigeriano e leader islamico del gruppo Boko Haram. Shekau è anche un teologo che ha studiato l'Islam da un tradizionale imam islamico.

Descritto come tranquillo e brillante studioso, ha sempre preferito un modesto stile di vita ha riferito Ahmed Salkida, un giornalista autorizzato ad intervistare i membri di Boko Haram.

Nel videomessaggi che spesso pubblica online, si vanta della sua invincibilità, deride i vari eserciti che gli danno la caccia ed afferma che egli "non può essere fermato" e "non può morire se non per volontà di Allah".

Si è vantato spesso di essere in possesso di carri armati ed altri veicoli da combattimento. Cita altrettanto frequentemente i versetti del Corano nei suoi video.

Il Dipartimento di Stato degli Stati Uniti ha stabilito una taglia di $ 7 milioni, mentre il governo nigeriano ne ha stabilita una di 50 milioni di dollari, per la sua cattura, facendolo diventare il ricercato più importante d'Africa.

Nei primi giorni del Luglio 2016, secondo un'agenzia di stampa internazionale, Abubakar Shekau avrebbe dichiarato il suo personale abbandono della lotta armata. Notizia, quest'ultima, mai confermata dal terrorista africano.

Adhan: E' la chiamata islamica alla preghiera, di norma fatta dal muezzin, che avviene cinque volte al giorno dal minareto della locale moschea.

Esso sintetizza e racchiude tutti gli insegnamenti dell'Islam, sui quali l'intera struttura teologica della fede islamica si basa. Ve ne sono due versioni universalmente riconosciute, sciita e sunnita. Lo scopo principale della *adhan* è quello di rendere comprensibile, ad un pubblico ovviamente formato in materia di fede islamica, la missione intrinseca dell'Islam e dei suoi scopi religiosi e spirituali, ma anche politici e di natura sociale.

Ahmad Abousamra: Nato nel 1981 in luogo ignoto, ha frequentato l'high school negli Stati Uniti prima di approdare al fondamentalismo.

Da tre anni figura nell'FBI Most Wanted People. Inserito tra i terroristi più pericolosi del mondo, è stato incriminato nel 2009 a seguito di un suo viaggio nello Yemen, effettuato per addestrarsi in vista di un futuro attentato da compiere in Nord America. Attualmente è ricercato dall'FBI per cospirazione, la fornitura di supporto materiale e logistico a gruppi terroristici jihadisti collegati con Al Qaeda, tentato omicidio, riciclaggio e tentata strage.

A partire dal marzo 2014 si ritiene che viva con la moglie e il loro bambino, nella parte di Siria sotto controllo dello Stato Islamico. Le autorità internazionali hanno posto una ricompensa da 50.000 $, per chiunque riesca a fornire informazioni utili alla sua cattura.

Nel settembre 2014 viene segnalato il suo inserimento all'interno del gruppo di hackeraggio dell'Isis, un settore delle milizie del Daesh, con un alto know how in materia di pirateria informatica e marketing digitale. Inoltre viene ritenuto come la mente che sta dietro le campagne marketing che l'Isis compie, ormai da anni, sul mondo web.

Le sue campagne aggressive e al contempo ultratecnologiche, hanno riscosso negli ultimi anni grande successo sui social media, avvicinando migliaia di giovani occidentali al radicalismo islamico e incrementando esponenzialmente le fila dei *foreign fighters*.

AK 47: L'AK-47 (nome ufficiale in russo: *Avtomat Kalašnikova 1947)* è un fucile d'assalto sovietico a fuoco selettivo operato a gas, camerato per il proiettile 7,62 X 29 mm, sviluppato in Unione Sovietica dall'ufficiale dell'Armata Rossa[19], Mikail Timofeevic Kalasnikov.

Il progetto dell'arma risale agli ultimi anni della Seconda Guerra Mondiale (1945). Nel 1946, venne

---

19 Nome con cui identifichiamo l'attuale esercito russo. Da sempre identificato come uno degli eserciti meglio addestrati ed equipaggiati al mondo, ha segnato il corso della storia con battaglie epiche, ma soprattutto vincendo la Seconda Guerra Mondiale (supportato da Stati Uniti e Regno Unito) contro la Germania nazista, nonostante sia partito da una condizione di palese svantaggio numerico e logistico. Oggi vanta un numero di soldati che oscilla sul milione di elementi.

consegnato all'esercito il prototipo AK-46 per le prove. Nel 1948 la versione con calcio fisso, entrò in servizio presso alcuni reparti specializzati dell'esercito sovietico.

Un primo miglioramento dell'arma fu la variante AKS-47 (dove S sta per il russo Складной, *skladnoy*, "pieghevole") con calcio pieghevole verso il basso (simile a quello visto sull'MP40 tedesco).

Nel 1949, l'AK-47 divenne il fucile d'assalto ufficiale delle forze armate sovietiche e fu adottato da gran parte delle nazioni aderenti al Patto di Varsavia. Il prototipo originale fu il primo fucile d'assalto di seconda generazione, dopo il tedesco STG44.

Negli anni 2010, a oltre sessant'anni dalla sua prima realizzazione, l'arma si posiziona tra quelle più usate (se non la più usata) nel mondo, grazie alle sue doti di affidabilità, economicità e facilità d'uso.

È prodotta in diversi paesi e presta servizio in molte forze armate di tutto il mondo (sia nelle mani di forze regolari, sia in mano di milizie irregolari).

Inoltre, l'arma è servita come base per un gran numero di varianti. Si stima che il numero totale di AK prodotti superi la produzione totale di tutti gli altri fucili d'assalto del mondo. Compare emblematicamente sulla bandiera del Mozambico e su una quantità notevole di monete, banconote e vessilli nazionali dei più svariati Paesi.

Al Fatah: E' un'organizzazione politica e

paramilitare palestinese, facente parte dell'Organizzazione per la Liberazione della Palestina (OLP). Faruq al-Quddumi, alias Abū Luṭf, è stato il cervello di al-Fatḥ, come dire cioè il cervello della Resistenza Palestinese.

Il nome deriva da FTḤ, acronimo inverso dell'espressione araba *Ḥarakat al-Taḥrīr al-Filasṭīnī* (Movimento di Liberazione Palestinese, quindi parole molto simili a quelle che compongono l'acronimo OLP).

L'acronimo "ḤATF" avrebbe avuto lo stesso suono di un sostantivo che significa "morte", e perciò Arafāt[20] preferì invertire l'acronimo che, come "F[A]TḤ, può anche significare "conquista" o "vittoria in battaglia".

Sull'emblema compare anche la parola araba *al asifa* (tempesta): nome della prima struttura armata di *Fatḥ* mentre sotto il simbolo è scritto in lingua araba *al-thawra ḥattā al-nāṣir* (rivoluzione fino alla vittoria).

Al Ghurabaa: E' un organizzazione fondamentalista islamica che, al pari del suo predecessore Islam4UK, si occupa di fare proselistmo in nome della jihad su territorio britannico, anche se risulta essere parzialmente

---

20 Yasser Arafat è stato un politico e rivoluzionario palestinese, al centro delle più importanti dinamiche internazionali del XX secolo. Leader dell'OLP, più volte è stato tacciato di essere un freno al processo di pace israelo-palestinese. Ha vinto il premio Nobel per la Pace nel 1994.

attiva anche in Svezia, Danimarca. Olanda e Germania.

Grazie ad un intenso utilizzo di materiale divulgativo e propagandistico (oltre che ad aggressive campagne marketing condotte sui principali social media mondiali), con mezzi come video, magazine e quotidiani, ha raggiunto una diffusione capillare in tutto il Regno Unito, grazie anche alla fervente attività del suo portavoce Anjam Choudary e dei suoi fedelissimi.

Tra gli episodi più preoccupanti di cui il gruppo si è reso protgonista, dobbiamo ricordare sicuramente le vignette pubblicate sui propri magazine e diffuse online nel Gennaio 2006, in cui si invitavano i fedele musulmani residenti nel Regno Unito, a sgozzare i cittadini britannici di altre confessioni.

Al Hayat Media Center: Al-Hayat (significa "La vita") è uno dei principali quotidiani pan-arabi, con una tiratura stimata oltre le 200.000 copie. E' il quotidiano di riferimento per la diaspora araba e per gli intellettuali arabi che desiderano esprimersi ad un vasto pubblico.

Anche se piuttosto filo-occidentale e filo-saudita rispetto ad altre testate della penisola arabica, è abbastanza aperto su varie opinioni riguardanti le questioni regionali. Al-Hayat stampa a Londra, New York, Francoforte, Dubai, Riyadh, Jeddah, Dammam, Beirut e il Cairo.

Il giornale ha uffici a Londra, Parigi, Washington, New York, Mosca, Riyadh, Jeddah,

Beirut, Il Cairo, Baghdad, Dubai, Amman, Damasco.

Il quotidiano "è considerato di gran lunga il migliore e più letto giornale arabo", secondo un articolo del 1997 del New York Times. Un articolo del 2005 sullo stesso giornale ha descritto, invece, Al-Hayat come "decisamente arabo e nazionalista ".

Il giornale è distribuito nella maggior parte dei paesi arabi, e la componente più numerosa dei suoi redattori proviene dal Libano, dove Al-Hayat è il quotidiano pià popolare. Sul governo saudita risulta essere comunque più critico rispetto il suo principale rivale, Asharq Al-Awsat.

Il motto del giornale è "La vita è la fede e la lotta" tratto da una poesia di Ahmed Shawki.

Al Khansaa: Dal nome di una poetessa[21] vissuta ai tempi del Profeta Maometto, questa Brigata tutta al femminile ha il compito di controllare che le donne dello Stato Islamico rispettino i rigidi dettami della Sharia, la legge di Dio. Ma anche di arruolare coloro che potenzialmente possono fornire dei buoni servigi alla missione del Daesh. Il loro obiettivo è quello di assicurare con la forza, il rispetto della *Sharia*, la legge islamica.

A differenza delle altre donne che vivono sotto il

---

21 Convertita all'Islam nel 629 d.C. La poetessa Al Khansaa viene considerata tra le massime esponenti degli albori della cultura islamica. Famosa per le cosiddette elegie, la sua produzione è particolarmente importante per il periodo preislamico della letteratura araba.

regime sharitico imposto dallo Stato Islamico, esse girano armate per la città, possono guidare e guadagnano molto bene per gli standard locali (fino a 100 dollari al mese). Privilegi normalmente concessi solo agli uomini, ma data la loro particolarissima connotazione di brigata punitiva femminile, è stata fatta un'eccezione.

Nate tre anni fa, nel Luglio del 2013 (ovvero prima della nascita ufficiale del Daesh in Medio Oriente), grazie ai loro metodi brutali, le loro azioni di guerriglia urbana e la barbara repressione attuata nei confronti di oppositori di qualsiasi natura, ormai sono divenute tristemente celebri in tutto il network jihadistico mondiale, al punto da essersi guadagnate il soprannome di Gestapo[22] femminile dello Stato Islamico.

Al Muhajirun: Gruppo fondamentalista islamico fondato nel 1983 a Gedda dallo sceicco siriano Omar Bakri Mohammed in chiave antisaudita.

Nel 1986 lo sceicco fu costretto a lasciare il Paese ed oggi la sede dell'organizzazione, seppur illegalmente, si trova emblematicamente a Londra, epicentro degli affari islamici in Europa.

L'ideologia del gruppo si fonda sul concetto di cambiamento e di adattamento del pensiero secondo la dottrina islamica, come unica strada per una vera

---

22 La Geheime Staatspolizei, comunemente abbreviata in Gestapo, era la polizia segreta operativa dal 1933 al 1945 nella Germania nazista di Adolf Hitler.

rinascita e un inarrestabile progresso della cultura musulmana.

Dopo essere stato messo al bando una prima volta nel Luglio 2005 (a seguito dei drammatici attentati che hanno colpito nel cuore di Londra), il 14 gennaio 2010 è stato definitivamente proclamato illegale dalle autorità giudiziarie britanniche per le sue evidenti finalità terroristiche.

Al Muqatila: Gruppo fondamentalista islamico, fondato in Libia negli anni successivi alla fine della jihad antisovietica da arabi e afghani legati alla rete di Osama Bin Laden.

Nel 1996 il gruppo tentò invano di assassinare il leader libico Muhammar Gheddafi, considerato un musulmano infedele dai suoi membri.

A seguito di questa azione fu costretto alla macchia per oltre un decennio, ma con il fiorire di gruppi ultraradicali a seguito della Primavera Araba, il gruppo è oggi tornato prepotentemente alla ribalta, non solo nazionale, come fedele alleato e braccio operativo del Daesh nel sud della Libia.

Al Nusra: Il Fronte al-Nuṣra, o anche Jabhat al-Nuṣra (*Jabhat al-nuṣra li-ahl al-Shām*, ossia "Fronte del soccorso al popolo di Siria", chiamato anche *Anṣār al-Jabhat al-Nuṣra li-Ahl al-Shām*, "Partigiani del soccorso al popolo della Grande Siria"), è un gruppo di rivoltosi armati attivo in Siria e in Libano. Il Fronte al-Nusra è affiliato ad Al Qaeda.

Allo scoppio della Guerra Civile Siriana Abu

Bakr Al Baghdadi (che in seguito sarà il leader dell'autoproclamato Daesh) e il comando centrale di Al Qaeda (al tempo alleati) hanno autorizzato al-Jawlani a creare una cellula di Al Qaeda in Siria, per rovesciare il governo di Bassar Al Assad e stabilire uno Stato Islamico.

Tra ottobre del 2011 e il gennaio dell'anno successivo, in una serie d'incontri avvenuti nel Governatorato di Damasco e a Homs, vennero stabiliti gli obiettivi fondamentali del gruppo, che si diede il nome di *Jabhat al-Nuṣra li-Ahl al-Shām* ("Fronte del soccorso al popolo della Siria").

Nel febbraio 2012 il viceministro dell'Interno iracheno ha detto che "militanti islamici ed equipaggiamento militare" stavano entrando in Siria dall'Iraq.

L'organizzazione Quilliam e il ministro per gli affari esteri iracheno, Hoshyar Zebari, hanno affermato che molti miliziani di al-Nuṣra erano ex-membri della rete islamista di Abu Musab Al Zarkawi che si opponeva all'invasione statunitense dell'Iraq.

Nel dicembre 2012, il quotidiano britannico *The Daily Telegraph* ha affermato che molti combattenti stranieri di al-Nuṣra erano veterani dei conflitti in Iraq e Afghanistan.

Verso la seconda metà del 2012, al-Nuṣra spiccava tra i vari gruppi di guerriglieri islamisti durante la guerra civile siriana per la sua disciplina e forza militare.

A novembre 2012 al-Nuṣra è considerata dall'Huffington Post, il gruppo meglio addestrato tra quelli delle forze ribelli. Secondo un commentatore dell'area moderata dell'Esercito Siriano Libero (ESL)[23] al-Nuṣra contava, nello stesso mese, tra i seimila e i diecimila guerrieri, ovvero il 7-9% della forza complessiva dell'ESL. David Ignatius, giornalista del *Washington Post*, ha descritto al-Nusra come il gruppo più aggressivo e di maggior impatto dell'ESL.

Secondo il Dipartimento di Stato degli Stati Uniti d'America "dai rapporti che abbiamo ricevuto dai medici, la gran parte dei feriti e dei morti dell'ESL appartengono a Jabhat al-Nuṣra, a causa del loro coraggio e del fatto che loro si trovano sempre in prima linea".

Il 10 dicembre 2012, gli Stati Uniti hanno designato al-Nuṣra come organizzazione terroristica e braccio armato di Al Qaeda nel Maghreb.

Al Tawhid: Gruppo fondamentalista palestinese, spesso considerato come un mero braccio esecutivo di Al Qaeda, è specializzato nella fornitura di documenti e soldi falsi ai jihadisti che passano attraverso il confine palestinese, o i campi profghi ad esso adiacenti, per poi recarsi in missione in Europa.

---

23 L'esercito siriano libero, spesso abbreviato in ESL, è quel fronte che si batte attualmente contro l'esercito governativo di Bashar al Assad. Conta oltre 100.000 membri, ha un equipaggiamento degno di un medio esercito occidentali ed usufruisce del supporto, non palesato, di alcune delle più grandi potenze del mondo.

Tra l'altro occupa un posto di primo piano all'interno del network che gestisce gli ingenti aiuti umanitari, che ogni anno vengono destinati allo Stato Paelstinese dai vari programmi di assitenza delle Nazioni Unite e della comunità internazionale.

Al Qaeda: È un movimento islamista sunnita paramilitare e terroristico nato nel 1989, fautore di ideali riconducibili al fondamentalismo islamico più oltranzista e radicale, impegnato in modo militante nell'organizzazione e nell'esecuzione di violente azioni ostili, sia nei confronti dei vari regimi islamici filo-occidentali definiti *munafiqun* (ipocriti), sia del mondo occidentale, definito sommariamente *kufr* (infedele).

È stato guidato, sino alla sua morte avvenuta il 2 maggio 2011, dal miliardario saudita Osama Bin Laden che si avvaleva della guida ideologica di Ayman al-Zawahiri (ex medico egiziano della Città del Cairo, appartenente a una famiglia di dotti religiosi e magistrati). Entrambi sono riferibili all'attivismo ideologico-politico dello *shaykh* Abd Allâh Yûsuf Azzâm.

Al Qaeda è stato classificato come *organizzazione di stampo terroristico* dal Consiglio di sicurezza delle Nazioni Unite, dalla NATO, dalla Commissione europea dell'Unione Europea, dal Dipartimento di Stato degli Stati Uniti, dai governi di Australia, India, Canada, Israele, Giappone, Corea del Sud, Germania, Regno Unito, Russia, Svezia e Svizzera.

Il nome dell'organizzazione deriva dall'arabo *qâida* che significa "fondazione" o "base" e può riferirsi sia a una base militare sia a un database.

L'iniziale *al-* è l'articolo determinativo. In arabo *qâida bayânât* è il "database", dove la parola *bayânât* significa "dati" e la parola *qâida* significa "base". Secondo Sad al-Faqîh, esperto saudita di Al Qaeda, il nome deriverebbe dal sistema di documentazione in uso nella guesthouse della *Bayt al-Ansar* del 1980.

La sua filosofia di management è stata descritta come "centralizzata nelle decisioni e decentrata nell'esecuzione".

Dopo i terribili attentati dell'11 settembre, si pensa che la leadership di al Qaeda sia diventata geograficamente isolata e che essa abbia lasciato a diversi gruppi di dirigenti locali la conduzione delle azioni terroristiche e l'utilizzo da parte loro del nome di Al Qaeda.

In effetti l'attacco congiunto delle forze americane e NATO in Afghanistan del 2001, sotto l'unico nome ISAF, ha decisamente marginalizzato, se non proprio sconfitto in alcune zone, il regime talebano.

Al contempo ha anche eliminato una gran parte delle strutture di addestramento del gruppo, che venivano utilizzate anche per addestrare persone di organizzazioni esterne, le quali poi associavano al nome del loro gruppo quello di Al Qaida nelle rivendicazioni degli attacchi.

Autore di alcuni dei più cruenti ed efferati attacchi terroristici degli ultimi anni, possiamo considerare in assoluto il più significativo di tutti gli attentati operati da Al Qaeda, il dirottamento di quattro aerei di linea, fatti schiantare l'11 settembre

2001 contro le Torri Gemelle del World Trade Center di Manhattan e sull'epicentro militare a stelle e strisce, il Pentagono[24] di Washington DC, con tutto il loro carico umano di oltre tremila vittime, compresi i 19 dirottatori.

I progetti che davano origine a questi attacchi sono stati spesso finanziati dall'organizzazione, con fondi di organizzazioni islamiche o donazioni di privati, in massima parte provenienti dalla regione del Golfo Persico.

Per un periodo precedente alla fase afghana, Al Qaeda ha anche gestito strutture addestrative in Sudan, fino a che la pressione internazionale sul regime di quel Paese ne ha determinato l'espulsione, sebbene attuata in termini molto morbidi.

Al Shabaab: In italiano "i Giovani", parola originata dall'arabo Al-Shabaab, *La Gioventù*), anche noto come ash-Shabaab, Hizbul Shabaab (dall'arabo Ḥizb al-Shabāb, *Partito della Gioventù*), e «Movimento di Resistenza Popolare nella Terra delle Due Migrazioni» (MRP), è un gruppo terroristico insurrezionalista islamista sunnita attivo in Somalia, nato intorno al 2006.

Il gruppo si è creato a seguito della sconfitta dell'Unione delle Corti Islamiche (UCI) ad opera del Governo Federale di Transizione (GFT) e dei

---

24 Con il termine Pentagono ci riferiamo al quartier generale delle forze armate statunitensi. Ha sede ad Arlington, Virginia, e deve il suo nome alla caratteristica forma pentagonale che lo contraddistingue.

suoi sostenitori, in primo luogo i militari dell'Etiopia durante la guerra civile in Somalia.

È la cellula somala di Al Qaeda, formalmente riconosciuta nel 2012.

Da numerosi governi e servizi di sicurezza occidentali è considerata un'organizzazione terroristica, su tutti Stati Uniti, Israele e Regno Unito.

Nel giugno 2012 il Dipartimento di Stato degli Stati Uniti ha posto taglie su numerosi capi del gruppo.

Questa formazione islamista è presente nelle regioni del sud della Somalia e mantiene vari campi di addestramento nei pressi di Chisimaio. Alcuni finanziamenti per Al-Shabaab provengono dalle attività dei pirati somali.

Al Shishani: Nato Tarkhan Tayumurazovich Batirashvili (Georgia 1970 – Siria 2016), è stato un militare e noto terrorista georgiano, in precedenza sergente dell'esercito georgiano e comandante delle formazioni armate dello Stato Islamico in Siria; tra questi ranghi era meglio conosciuto col nome di battaglia Abū ʿOmar al-Shishānī (in arabo *Abū ʿUmar ash-Shīshānī* - Abu Omar il ceceno).

Considerato uno dei maggiori esperti di guerriglia urbana e combattimento in strada dello Stato Islamico, grazie al suo passato di ufficiale nell'esercito regolare georgiano, era famoso presso le milizie nere del Califfato per la sua crudeltà e spietatezza in battaglia.

Secondo fonti ufficiali del Pentagono e stando a

quanto riportato da un comunicato stampa dello Stato Islamico, è rimasto ucciso in un attacco compiuto dai marines americani mediante l'utilizzo di un drone teleguidato.

Al Zawahiri: E' un terrorista egiziano. (Kafr el Dawar, 19 Giugno 1951).

Dal 16 giugno 2011 è ufficialmente il capo del gruppo terrorstico islamico Al Qaeda, in seguito alla morte di Osama Bin Laden dopo essersi impegnato, in un video pubblicato l'8 giugno 2011, a continuare il suo operato.

Nato in una famosa famiglia egiziana che vanta magistrati, letterati e medici, Ayman al-Zawàhiri è, oltre che medico egli stesso, scrittore e poeta.

Si afferma da più parti che egli sia stato il capo dell'organizzazione militante jihadista Jihad dell'Egitto Islamico. Parla, oltre all'arabo, il francese e un inglese fluente.

Usa vari pseudonimi, fra cui: Abū Muhammad (Abū Mohammed) - che è la sua vera *kunya* -, Abū Fātima, Muhammad Ibrāhīm, Abū ʿAbd Allāh, Abū al-Muʿizz, Il Dottore, Il Maestro, Nūr (Luce), Ustādh (Professore), Abū Muhammad Nūr al-Dīn, ʿAbd al-Muʿizz (Abdel Moez, Abdel Muez). Nel 1998 ufficialmente fuse la sua organizzazione con quella di Al Qaeda.

Secondo quanto detto da un ex membro di questa organizzazione terroristica, egli già lavorava per l'organizzazione di Al Qaeda fin dalla sua costituzione ed era un membro anziano della *shura* (consiglio) del gruppo.

È stato sovente descritto come "luogotenente" del defunto capo di Al Qaeda, Osama Bin Laden e si pensa che lo abbia anche assistito come medico personale. Attualmente risulta essere latitante.

Allah: E' la parola araba con cui Dio definisce se stesso nel libro sacro del Corano. Nell'Islam, Allah è l'unico Dio, trascendente, creatore dell'universo e giudice del genere umano.

Vista la valenza pressocchè totalizzante della lingua araba nella cultura islamica, tale nome è quello prevalentemente usato per indicare la divinità Una e Unica proprio nei paesi arabofoni, e più in generale in tutto il mondo musulmano.

La parola Allah in italiano sta ad indicare "il Dio Uno e Unico" della religione musulmana. La parola Allah è spesso associata a quella Akbar, che sta a significare "Dio è grande".

Tale frase è risuona ogni volta come preambolo ad un qualsiasi attacco terroristico compiuto da jihadisti, ai danni di coloro che sono considerati *miscredenti* o infedeli.

Secondo la tradizione islamica esistono almeno novantanove nomi di Allah, ognuno dei quali sottolinea un attributo divino.

Amaq: E' un'agenzia di stampa fondata nel 2014 in Iraq a seguito dell'assedio di Kobane, ed è un organo di propaganda non ufficiale delle principali operazioni dello Stato Islamico.

Direttamente dipendente dalle volontà e direttive del Daesh, più volte sono state diramate in merito, varie e forti smentite da parte dei vertici dello Stato Islamico.

Ciò nonostante la piena adesione alla causa jihadista di tale organo, la militanza radicale dei propri componenti, oltre che uno stile grafico ispirato chiaramente allo "stile Isis", ne fanno chiaramente un mezzo di comunicazione completamente devoto alla causa jihadista.

Ansar al-Islam: E' un gruppo islamico paramilitare sunnita di etnia curda, che promuove in'interpretazione ultraradicale dell'Islam e della Jihad, per anni ha controllato ampie fette di territorio nel nord dell'Iraq.

A seguito della Seconda Guerra del Golfo, il gruppo si è sfaldato in una costellazione di fazioni, la principale delle quali è Ansar al Sunna, protagonista di una lunga serie di attentati terroristici suicidi contro militari americani. La più nota è l'attacco all'interno della sala mensa della base militare americana di Mossul[25].

Ad oggi attivo specialmente contro partiti e istituzioni curde, si è reso più volte protagonista di attacchi suicidi contro l'Unione Patriottica del Kurdistan[26] e contro sedi governative.

---

25 Attacco compiuto il 21 dicembre 2004, causò la morte di 14 militari americani di stanza in Iraq durante l'operazione Engineering Freedom iniziata successivamente agli attacchi dell'11 settembre 2001.

26 Noto con l'acronimo di UPK, è un partito politico del Kurdistan iracheno, I cui obiettivi dichiarati sono

Anjad Media Foundation: Parte essenziale dell'ampia rete di comunicazione dello Stato Islamico, pubblica gli *andsheed*, ovvero i canti religiosi che incitano alla jihad e che fungono da macabro sottofondo, nei video delle decapitazioni compiute dall'Isis ai danni di cittadini occidentali e ribelli autoctoni.

Tra le componenti mediatiche più attive del Califfato, conta un numero di membri effettivi che oscilla tra le ottanta e le centoventi unità.

La maggior parte di questi elementi inseriti nell'AMF, sono ingegneri, tecnici del suono ed esperti marketing formati nelle migliori università occidentali grazie all'ausilio di ingenti e facilmente reperibili borse di studio.

Anjem Choudary: E' un imam, politico e attivista britannico d'origine britannica, attualmente funge da portavoce del movimento Islam4UK.

Considerato come uno degli imam più radicali d'Occidente e l'ideologo alla base della radicalizzazione di centinaia di foreign fighters con passaporto britannico, è stato più volte indagato per incitamento all'odio razziale, all'uso della forza contro obiettivi e istituzioni occidentali, per sostegno alla jihad e raccolta fondi da destinare allo Stato Islamico.

Il 28 luglio 2016 viene condannato da un tribunale londinese a dieci anni di reclusione per "la

---

l'autodeterminazione, I diritti umani, la democrazia e la pace per il popolo curdo del Kurdistan e dell'Iraq.

sua evidente, proclamata e manifesta attività di sostegno al terrorismo internazionale".

Assad: Famiglia di religione sciita alawita che governa la Siria degli anni Settanta, prima tramite il padre Hafez (m. 2000) e poi attraverso il figlio Bashar (reg. 2000-). Hafez divenne presidente nel 1971 normalizzando una situazione politica instabile e segnata da frequenti colpi di Stato e atti di guerriglia.

Partendo dalle premesse ideologiche del partito Baath, Hafaz se ne distaccò consolidando progressivamente un potere fortemente autoritario e infine un vero e proprio Stato di polizia. Tale presa autoritaria e uno stretto secolarismo hanno consentito a lui e al figlio di mantenere i difficili equilibri confessionali e di mettere al riparo la Siria dalla diffusione dell'islam politico.

Ciò è tuttavia avvenuto tramite la cancellazione di ogni forma di opposizione politica e con la pratica disinvolta di incarcerazioni, torture e sparizioni sistematiche e arbitrarie di oppositori.

Attentato: Un attenatato è un atto brutale, diretto contro un avversario chiaramente individuato, con cui si mira a eliminare il nemico o la sua rete di relazioni e interessi; in molti casi ciò avviene secondo una precisa strategia, di cui l'attentato è il momento culminante.

Nell'organizzazione dell'attentato sono particolarmente rilevanti moventi ideologici, economici e politici e perché il nemico che ne è oggetto ha rilevanza anche simbolica, oltre che come singolo.

L'attentato si definisce tale quando è compiuto in modo estemporaneo ed imprevedibile e solo in seguito rivendicato tramite un comunicato che il terrorista, vuole il più possibile diffuso, per far conoscere le finalità della propria azione.

Anche se manca la rivendicazione, un attentato è sempre pensato per colpire obbiettivi simbolici, in modo che un messaggio filtri comunque, dal contesto stesso dell'azione perpetrata.

Dunque, la distinzione tra attentato ed altre forme di violenza è proprio nel tentativo di far passare un messaggio politico o solo intimidatorio col gesto che si compie, e questa violenza sarà esercitata contro persone o cose di sorpresa, con premeditazione e spesso nella convinzione da parte dell'attentatore che il gesto (sempre criminale) fosse la cosa giusta o l'unica cosa da fare nell'ambito del suo pensiero violento, ideologico, o criminale.

Ayat: Stanno ad indicare i "segni", i "prodigi". Per l'Islam rappresentano i 6.236 versetti, formati da 77.439 parole, che vanno a comporre le 114 sure contenute nel Corano.

La loro valenza soprannaturale è data dalla propria natura divina, essendo per I musulmani l'intero Corano testuale "la parola di Allah".

Ayatollah: Con tale termine facciamo riferimento ad un titolo di grado elevato che viene concesso, in via del tutto eccezionale, agli esponenti più importanti del clero sciita, talvolta soltanto al più autorevole, e ai *mujtahidin*, la casta dei dotti musulmani.

Questo titolo onorifico, complice anche la Rivoluzione avvenuta in Iran nel 1979 dall'Ayatollah Khomeini, ha assunto una forte connotazione politica e leaderistica, particolamente diffusa nel Golfo Persico e oggi conosciuta in tutto il mondo.

B

Baghdad: E' la capitale dell'Iraq e dell'omonima provincia. È la seconda città più grande dell'Asia sud-occidentale, dopo Teheran: il calcolo della popolazione per il 2014 è di 7.665.292 abitanti.

Situata sul fiume Tigri a 33°20 nord e 44°26 est. E' oggi considerata come il centro del potere politico, militare ed economico dello Stato Islamico.

Detiene inoltre il triste primato di città più pericolosa al mondo, con il più basso tasso di aspettativa di vita della popolazione autoctona.

Bataclan: Il Bataclan (in origine *Ba-Ta-Clan*), è una "sala da spettacolo" di Parigi, sita nell'XI arrondissement parigino.

Costruito nel 1864 su progetto dell'architetto Charles Duval, trae il suo nome dell'operetta in un atto di ambientazione cinese *Ba-Ta-Clan* di Jacques Offenbach rappresentata nel 1855. L'11 marzo 1991 l'edificio che lo ospita è stato dichiarato monumento storico ai sensi della legge francese.

Al giorno d'oggi il Bataclan è noto per il suo programma assai vario che comprende concerti rock e pop, spettacoli comici, serate disco e di cafè-theatre. La facciata è stata ridipinta nel 2006 con i colori originali, anche se il tetto originale non esiste più da molto tempo.

La sera del 13 novembre 2015, durante un concerto degli Eagles of Death Metal[27], mentre gli stessi suonavano la canzone "Kiss the Devil", il Bataclan è stato teatro di un attacco terroristico sferrato da un gruppo armato ricollegabile all'autoproclamato Stato Islamico, comunemente noto come ISIS, che ha portato a 93 vittime.

Bin Laden, Osama: E' stato un terrorista saudita, fondamentalista islamico sunnita, fondatore e leader indiscusso di Al Qaeda, la più nota organizzazione terroristica internazionale attiva a partire dalla fine del XX secolo, di stampo jihadista, responsabile degli attentati dell'11 settembre contro gli Stati Uniti d'America e numerosi altri attacchi con "vittime di massa", contro obiettivi civili e militari. Nato nella ricca famiglia Bin Laden di etnia Kindita Yemenita dal miliardario Mohamed

---

27 Gruppo rock statunitense formato da Jesse Huges e Josh Homme, nel 1998 in California (USA). Il loro concerto più noto è legato ad una delle stragi più drammatiche mai avvenute in Europa, ovvero quella del club Bataclan di Parigi del Novembre 2015.

Bin Awad Bin Laden in Arabia Saudita, vi studiò all'università sino al 1979, anno in cui si unì alle forze dei mujaheddin *in* Pakistan contro i sovietici in Afghanistan. Aiutò finanziariamente i *mujaheddin* convogliando loro armi, denaro e combattenti dal mondo arabo in Afghanistan, guadagnandosi anche la popolarità fra molti arabi. Nel 1988 ideò e fondò il gruppo Al Qaeda.

Esiliato dall'Arabia Saudita nel 1992, spostò la sua base in Sudan, finché la pressione statunitense lo costrinse ad allontanarsene nel 1996. Stabilì una nuova base in Afghanistan e dichiarò guerra contro gli Stati Uniti, iniziando una serie di attentati e attacchi simili. Bin Laden fu schedato dall'American Federal Bureau Investigation (FBI) nella Ten Most Wanted Terrorists e nell'elenco dei Most Wanted Terrorists per il suo coinvolgimento agli attentati alle ambasciate statunitensi del 1998[28].

28 Gli attentati alle ambasciate statunitensi del 1998 colpirono le sedi diplomatiche degli Stati Uniti in Nairobi (Kenya) e Dar es Salaam (Tanzania) il 7 agosto 1998, nello stesso giorno in cui ricorreva l'arrivo delle truppe statunitensi in territorio saudita durante la Prima Guerra del Golfo.. Furono rivendicati da Osama Bin Laden e dal suo gruppo di Al Qaeda, ma le rivendicazioni non furono mai del tutto chiarite dagli autori. Sono considerati fra I più importanti attacchi terroristici contro gli Stati Uniti perpretati prima degli attentati dell'11 settembre 2001. Il numero totale delle vittime fu di 224 con circa 400 feriti gravi. A Seguito di questi attacchi, oltre a una timida risposta militare statunitense, fu per la prima volta stilata una lista con i terroristi latittanti più pericolosi del mondo.

Dal 2001 al 2011, Bin Laden è stato un importante obiettivo della guerra al terrorismo, con una taglia di 25 milioni di dollari decisa dal Federal Bureau of Investigation.

Dopo essere stato inserito dall'FBI nella lista dei terroristi più ricercati, Bin Laden rimase in latitanza durante tre amministrazioni presidenziali statunitensi.

La notte del 1° maggio 2011 Bin Laden venne ucciso in un conflitto a fuoco all'interno di un complesso residenziale ad Abbottad in Pakistan, da componenti del DEVGRU[29] (noto originariamente come *SEAL Team Six*) degli Stati Uniti e da agenti CIA nel corso di un'operazione segreta ordinata dal presidente degli Stati Uniti, Barack Obama.

Poco dopo la sua morte, il corpo di Bin Laden fu sepolto in mare. Al Qaeda confermò la sua morte il 6 maggio seguente, promettendo vendetta.

---

29 Lo United States Naval Special Warfare Development Group, noto anche come DEVGRU, NAVDEVGRU o SEAL Team Siv, è uno dei più segreti corpi d'èlite statunitensi, facente parte dei Navy SEALs della Marina degli Stati Uniti e classificata come "Tier One" assieme alla Delta Force. La loro nascita viene fatta risalire in seguito alla fallimentare operazione denominata "Eagle Caw", ovvero la liberazione dei 52 ostaggi statunitensi prigionieri dentro l'ambasciata statunitense di Teheran nel 1979, in cui per la prima volta si parlò della necessità di avere un'unità di antiterrorismo sempre a disposizione per eventuali casi di grave minacci agli interessi nazionali statunitensi.

Black List: La lista nera è un registro che contiene una lista di soggetti, entità o persone per scopi politici, di sicurezza o alle quali è negato un particolare servizio, diritto o privilegio.

Nel terrorismo la black list è composta di tutti quei nomi, organizzazioni e Paesi considerati "canaglia".

Attualmente, oltre la miriade di gruppi terroristici di varia natura attivi su scala mondiale, sono inseriti nella lista i seguenti Paesi: Corea del Nord, Siria e Iran.

Boko Haram: Derivante da una locuzione hausa che letteralmente significa «*l'istruzione occidentale è proibita*» è un'organizzazione terroristica jihadista diffusa nel nord della Nigeria. Nel 2015 si è alleata con lo Stato Islamico.

L'organizzazione ha adottato il nome ufficiale di "Gruppo della Gente della Sunna per la propaganda religiosa e per il Jihad" ma nella città di Maiduguri, dove essa si era formata, le fu dato il soprannome di Boko Haram.

Il nome "Boko Haram" deriva dalla parola hausa Boko, che è liberamente traducibile come "educazione occidentale", e dalla parola araba Haram, che indica un divieto legale, metaforicamente il "peccato". Il nome significa quindi "l'educazione occidentale è sacrilega" ed è dovuto alla dura opposizione all'Occidente, inteso come corruttore dell'Islam.

Nel vasto e a dir poco complesso panorama terroristico internazionale attuale, Boko Haram ha assunto sicuramente le vesti di organizzazione tra le più spietate, ricche e m e g l i o o r g a n i z z a t e del pianeta.

La sua politica terroristica infatti, fa coincidere azioni particolarmente drammatiche e devastanti, che prendono di mira in genere obiettivi dal forte richiamo emotivo (donne, bambini, ospedali, scuole e chiese), e che pertanto scatenano l'attenzione mediatica mondiale sul gruppo, con un predominio sul territorio che richiama da vicino la metodologia usata da gruppi criminali di lunga storia e tradizione, mediante racket, gestione degli affari leciti ed illeciti, controllo delle elezioni e perfino delle nascite.

Fino ad arrivare ad un nebuloso, ma forte ruolo di interlocutore con alcune delle più grandi imprese occidentali, che operano in Nigeria per l'estrazione del petrolio e dei minerali.

Queste caratteristiche rendono oggi Boko Haram più una multinazionale del terrore, che una semplice organizzazione terroristica.

Brigate Izz Ad-Din: Prendono il nome da Izz al Din al-Qassam e costituiscono il braccio armato del gruppo palestinese Hamas.

Create nel 1992 sotto la direzione di Yahya Ayyash, il loro obiettivo primario era di costituire un efficace gruppo militare a sostegno dei fini di Hamas, che da tempo consistevano nel bloccare i negoziati nati dagli Accordi di Oslo.

Dal 1994 al 2000 le brigate Izz al Din al-Qassam hanno organizzato un gran numero di attacchi contro soldati e civili israeliani. All'inizio della seconda intifada il gruppo divenne uno dei principali obiettivi di Israele.

Le brigate operavano in alcune unità in Cisgiordania, ma molte di queste vennero distrutte nel 2004 dalle diverse operazioni dell'Israel Defense Force.

D'altra parte Hamas concentrò la propria forza nella Striscia di Gaza, generalmente considerata la sua roccaforte. Le Brigate ʿIzz al-Dīn al-Qassām sono nella lista delle organizzazioni terroristiche di Unione Europea, Stati Uniti, Australia, Regno Unito e Israele.

Burqa: E' un capo d'abbigliamento per lo più usato dalle donne in Afghanistan.

Il termine *burqa* individua due tipi di vestiti diversi: il primo è una sorta di velo fissato al capo che copre l'intera testa, permettendo di vedere solamente attraverso una finestrella all'altezza degli occhi e che lascia gli occhi stessi scoperti, o che lascia scoperti occhi e bocca, che rimane però coperta da una sorta di mascherina come nel cosiddetto *bandar burqa*.

L'altra forma, chiamata anche *burqa completo* o *burqa afghano*, è un abito, solitamente di colore nero o blu, che copre sia la testa sia il corpo. All'altezza degli occhi può anche essere posta una retina che permette di vedere parzialmente senza scoprire gli occhi della donna.

C

C4: Il C-4 o Composizione C-4 è una comune tipologia militare di esplosivo plastico. Il termine composizioneè utilizzato per ogni esplosivo stabile.

Il C-4 è composto di esplosivo, legante plastico, plastificante e, solitamente, di un marcatore o di un tracciante dal contenuto odorizzante. Il maggior vantaggio del C-4 è che può essere modellato in ogni forma desiderata; il C-4 può essere pressato dentro le fessure, feritoie, spazi aperti negli edifici, ponti, equipaggiamenti o macchinari. Analogamente, può essere inserito facilmente nei contenitori speciali utilizzati dalle forze speciali.

Il C-4 è ben conosciuto per la sua durata, resistenza e sicurezza; non esplode se colpito da una pallottola, tagliato, scosso, o al contatto con il fuoco: il solo metodo d'innesco per la detonazione è una combinazione di calore estremo e di onda d'urto, come quella che si ottiene con un piccolo detonatore inserito al suo interno.

Un altro vantaggio del componente C-4 è che, dal momento in cui gli ingredienti principali sono combinati nel plastificante, una traccia può essere prontamente ritrovata con un rilevatore chimico, che mostrerà ogni quantità di sostanza utilizzata, frequentemente anche dopo l'esplosione.

I produttori spesso aggiungono tali traccianti chimici, che possono aiutare ad effettuare controlli o monitoraggi o investigazioni nel caso che una quantità sia rubata e trasportata e impiegata da parti non autorizzate. I traccianti chimici ovviamente non sono pubblicizzati per ragioni di sicurezza ma, data la loro funzione, devono rimanere altamente stabili nel tempo.

Il C-4 non ha scadenza e non diviene normalmente inerte o instabile con il tempo. D'altra parte, come tutti gli esplosivi, se conservato impropriamente si può deteriorare, perdendo parte della sua efficacia. Attualmente, a causa dei tanti motivi di cui sopra, il C4 è l'espolosivo più usato dai terroristi di tutto il mondo.

Califfo: Il califfo ossia «vicario, reggente, facente funzione, successore») nell'Islam è il vicario o il successore di Maometto alla guida politica e spirituale della comunità islamica universale.

Costituisce la massima magistratura islamica (con una rilevanza eminentemente politica, anche se non esente da risvolti spirituali), ma non è prevista nel Corano e nemmeno nella Sunna di Maometto.

Fu infatti realizzata in modo del tutto originale da alcuni fra i primissimi compagni del Profeta nella stessa giornata della sua morte, l'8 giugno 632 (corrispondente al 13 rabi 1 dell'11 dell'egira).

Attualmente, l'autoproclamato Califfo dello Stato Islamico, è il terrorista e sedicente teologo Abu Bakr Al Baghdadi.

Califfato: Il *califfato* è una forma di governo, a capo della quale si trova il califfo. Il termine proviene dall'arabo *khilāfa*, che significa "successione", "luogotenenza" e si riferisce al sistema di governo adottato dal primissimo islam, il giorno stesso della morte di Maometto e intende rappresentare l'unità politica dei Musulmani ovvero la Umma.

Un sinonimo di *califfo* è l'espressione "Comandante di credenti" (*Amīr al-muʾminīn*), successore politico più che spirituale di Maometto nella sua funzione di capo della *Umma*.

In tale veste il califfo costituisce la rappresentanza pro tempore di Allah sulla terra. La sua istituzione non è prevista dal Corano e neppure dalla Sunna del Profeta Maometto e lo stesso termine "costituzione" - o "Rescritto", o "Accordo" dall'arabo *ṣaḥīfa*, lett. "Foglio") di Medina dell'anno 1 dell'Egira - è una traduzione abbastanza impropria per indicare quello che era un semplice accordo firmato tra le varie componenti di Yathrib (odierna Medina) per regolamentare la convivenza fra musulmani, ebrei e pagani.

Camp Bucca: E' un antico carcere gestito dalle forze statunitensi nei pressi di Umma Qasr (Iraq) in occasione della Guerra in Iraq[30]. Utilizzata anche

---

30 Spesso definita come Seconda Guerra del Golfo, è un conflitto avvenuto in territorio iracheno a seguito dell'invasione statunitense del Marzo 2003 e terminato il 15 dicembre 2011. Lungi dall'aver risolto I problemi regionali ed etnici, il conflitto ha generato una serie di sfaldature economich, politiche e sociali, che la classe dirigente subentrata al controllo americano, non ha saputo risolvere. Dal 2014 l'Iraq ha perso gran parte della sua sovranità nazionale, a seguito dell'insediamento nel nord

come campo dei prigionieri di guerra dal 2003 dalle forze militari britanniche in Iraq meridionale, considerata la sua presenza nell'area affidata al loro controllo, essa si è progressivamente trasformata in un centro di detenzione e ha ospitato fino a 26.000 detenuti.

Le condizioni di prigionia a Camp Bucca sono descritte dai prigionieri come particolarmente dure ma, dopo lo scandalo della prigione di Abu Grahib[31] nel 2004, in cui sono emerse le condizioni di vita estremamente difficili e ai limiti della Convenzione di Ginevra che tutela ogni detenuto del mondo, esse sono decisamente migliorate, e Camp Bucca serve da allora come esempio di correttezza da parte delle forze armate statunitensi, che consentono forme di istruzione e visite familiari per i prigionieri.

Abbandonato nel 2009, esso deve essere trasformato in polo di sviluppo economico con la costruzione di alberghi e depositi logistici per l'industria petrolifera locale

Cecenia: E' una Repubblica della Federazione

---

del Paese del sedicente Stato Islamico.

31 Il carcere principale di Baghdad, anche noto come prigione di Abu Grahib, è uno dei massimi istituti penitenziari dell'Iraq. E' balzato agli onori delle cronache mondiali nel 2004, a seguito di uno scandalo mai definitivamente provato, riguardante presunte umiliazioni subite da terroristi iracheni detenuti sotto la custodia dell'esercito americano.

Russa. Confina a nord-ovest con il Territorio di Stavonports ad est e nord-est con la repubblica del Daghestan, a sud con la Georgia e ad ovest con le repubbliche dell'Inguscezia e dell'Ossezia del Nord.

Si trova sulle montagne del Caucaso e del Distretto Federale del Caucaso della parte Settentrionale nel nord della Russia.

Da sempre considerata come una delle regioni più turbolente dell'ex blocco sovietico, ad oggi rappresenta uno degli avamposti del fondamentalismo islamico nel cuore della Federazione Russa.

Centro Culturale: Con centro culturale in Occidente si identificano i luoghi di ritrovo degli islamici in una data città. Etimologicamente rapresenta un luogo in cui deve essere compiuta una data attività culturale, ma de facto spesso funge da moschea non autorizzata.

Molti centri culturali in Europa sono spesso saliti agli onori delle cronache, in quanto luogo di reclutamento di aspiranti terroristi e centri di raccolta fondi destinati alla jihad mondiale.

Chador: E' un indumento tradizionale iraniano molto simile ad una mantella o ad un foulard, indossato dalle donne quando devono comparire in pubblico.

Si tratta di una stoffa semi circolare che ricopre il capo e le spalle, ma che lascia scoperto il viso, tenuto chiuso sotto il mento a incorniciare il volto; è uno dei possibili modi per seguire la legge islamica dell'*hijab*.

Viene indossato anche in altre nazioni oltre all'Iran, specialmente nel Medio Oriente e da chi segue la dottrina islamica secondo la pratica della purdah indipendentemente dalla nazionalità.

Tradizionalmente i chador di colore chiaro o con delle stampe veniva indossato con un foulard (*ruwsari*), una blusa (*piraahan*) e una gonna (*daaman*) o una gonna sopra dei pantaloni (*shalwaar*); questo stile viene tuttora adottato da alcune donne iraniane che vivono in zone rurali, specialmente quelle anziane.

Storicamente, nelle zone urbane, il volto veniva coperto con un velo bianco rettangolare (*ruband*) che cominciava sotto gli occhi.

Lo chador moderno non richiede questo velo. All'interno delle abitazioni, particolarmente per le donne che vivono in zone urbane, lo chador e il velo venivano tolti e venivano indossati degli abiti più freschi e leggeri, mentre in tempi moderni, nelle zone rurali le donne nelle proprie case continuano tuttora questa pratica.

Prima della moderna ripresa del chador, questo indumento di colore nero veniva usato soltanto ai funerali mentre normalmente le donne indossavano dei chador bianchi o con delle fantasie stampate. L'attuale governo iraniano, seguendo le idee dell'Ayatollah Khoemeini[32], considera il nero il

---

32 E' stato un politico e religioso iraniano, ispiratore della rivoluzione che ha interessato l'Iran nel 1979, che ha portato lo Stato persico ad un'osservanza dei precetti

colore ideale per lo chador.

Alcune donne preferiscono comunque indossare ancora dei chador di colori più chiari e alcune giovani donne ne indossano di colorati. Le donne iraniane non devono indossare obbligatoriamente il chador; alcune lo fanno, come dichiarazione del rispetto del *hijab*, altre per mostrare la loro associazione con il governo attuale.

In Iran oggi giorno, lo chador è popolare tra le donne più povere, che tendono a essere più devote. Inoltre, la popolarità di questo indumento varia anche in base all'area geografica; ad esempio, quasi tutte le donne portano lo chador a Eshafan ma poche donne lo portano a Teheran.

Chat: Tra i mezzi di comunicazione oggi più usati in tutto il mondo, le chat costituiscono un veicolo perfetto per le comunicazioni interne a gruppi fondamentalisti e terroristici.

Alcuni dei più recenti attentati, su tutti quello del *Bataclan* di Parigi del 13 Novembre 2015, sono stati organizzati su chat private di videogiochi online.

Charlie Hebdo: E' un periodico satirico francese con sede a Parigi. Fervente sostenitore delle libertà individuali, civili e collettive, ha più volte attaccato il fondamentalismo islamico in modo caustico e irriverente.

---

islamici più integralisti sotto l'egidia di un governo di stampo teocratico.

Già bersaglio di un attentato terroristico con bombe molotov il 2 novembre 2011, a seguito della pubblicazione di alcune vignette riguardanti il Profeta Maometto[33], il 7 gennaio 2015 è il giorno che passerà alla storia come "la strage di Charlie Hebdo". Un commando di due uomini armati di kalashnikov dopo aver fatto irruzione nei locali della sede del giornale, hanno aperto il fuoco nel bel mezzo della riunione settimanale di redazione, uccidendo dodici persone, tra giornalisti e forze dell'ordine.

Si trattò del più grave attentato terroristico in Francia dal 1961, fino a quello del 13 novembre 2015.

Comunicazione: E' un elemento determinante per la diffusione del terrorismo contemporaneo, in quanto, la spettacolarizzazione degli eventi e cultura del macabro, hanno trovato nell'attacco terroristico un fatto, tanto drammatico quanto mediatico, da poter essere commercializzato alla stregua di un qualsiasi programma televisivo, radiofonico o informatico.

Inoltre, grazie alle moderne tecnologie e all'utilizzo sempre più esasperato dei social media, il network del terrore ha nei mezzi di comunicazione degli alleati dalle indubbie capacità.

---

33 Ci riferiamo a quelle vignette apparse sul settimanale francese, pubblicate già sul quotidiano danese Jyllands Posten, che hanno scatenato una serie di lunge e violente proteste in tutto il mondo islamico.

Corano: Interpretabile come «la lettura» o «la recitazione salmodiata»), è il testo sacro della religione dell'Islam.

Per i musulmani il Corano, così come viene letto oggi, rappresenta il messaggio rivelato quattordici secoli fa da Dio (in arabo Allah) a Maometto (in arabo Muḥammad) per un tramite angelico, e destinato a ogni essere umano sulla Terra.

Venne recitato da Maometto a vari testimoni, che ne impararono a memoria alcuni versetti o tutto il suo *corpus*, e a vari compilatori – detti *Katib*. Dai *kuttāb* venne quindi scritto su vari supporti (presumibilmente foglie della palma, scapole di grandi animali, pezzi di legno, pergamena, papiro, tessuti serici), poi raccolti e risistemati definitivamente su ordine del Califfo Utman bin Aftan.

Egli fece realizzare le prime quattro copie complete manoscritte (che inviò nelle quattro città principali della Umma) e fece bruciare le versioni discordanti.

A questo riguardo, si è ipotizzato che dei manoscritti ritrovati a Sanaa nel 1972, più antichi di quelli di ʿuthmaa, potessero costituire una versione inedita del Corano diversa da quella conosciuta; l'analisi dei testi ha tuttavia dimostrato che non contenevano sostanziali variazioni e che si trattava di manoscritti di fortuna, probabilmente utilizzati da musulmani non raggiunti dal testo di ʿUthmān.

Nel giro di 20 anni dalla morte del Profeta, comunque, il Corano comparve nella sua forma scritta ed escluse le aggiunte di circa 1.000 Alif (prima lettera dell'alfabeto arabo) fatte da al Hajjaj b. Yussuf nel 700, esso sarebbe rimasto pressoché invariato.

Costantinopoli: Conosciuta anche come Nuova Roma o la Città d'Oro, sono alcuni dei nomi e degli epiteti dell'odierna città di Istanbul, sulle rive del Bosforo, maggior centro urbano della Turchia.

Il nome Costantinopoli fu in particolare tenuto dalla città, nel periodo intercorrente tra la rifondazione ad opera dell'imperatore Costantino I e la conquista da parte del sultano ottomano Maometto II.

Durante tale periodo la città fu una delle capitali dell'Impero Romano (anni 330-395) e capitale dell'Impero Romano d'Oriente o Impero Bizantino (anni 395-1204 e 1261-1453) e dell'Impero Latino (anni 1204-1261).

Il nome rimase comunque in uso anche durante l'Impero Ottomano, quando era nota ufficialmente come *Kostantîniyye* in lingua turca ottomana e come Costantinopoli presso gli occidentali, sino al 1930 quando il nome *Istanbul* in lingua turca venne ufficializzato e reso esclusivo dalle autorità turche.

È inoltre la città che subì più assedi nella storia del mondo, capitolando solamente due volte: la prima durante il saccheggio dei Crociati nel 1204 e la seconda quando fu definitivamente conquistata dagli Ottomani nel 1643.

Determinante per il fanatismo islamico, in quanto rappresenta la capitale dell'età dorata per l'espansione dell'islam nel mondo.

Curdi: Sono un un gruppo etnico indoeuropeo che abita nella parte settentrionale e nord-orientale della Mesopotamia[34]. Tale territorio è compreso in parti degli attuali stati di Iran, Iraq, Turchia e Siria e in misura minore anche in Armenia

L'area è a volte indicata col termine Kursdistan. Piccole comunità curde sono presenti anche in Libano, Giordania, Georgia, Azerbaijan, Afghanistan e Pakistan. Inoltre, un certo flusso migratorio, si è diretto verso gli Stati Uniti d'America e il Nord Europa (Scandinavia e Germania).

Si stima che i Curdi siano fra 20 e 30 milioni e che quindi costituiscano, uno dei più grandi gruppi etnici al mondo privi di unità nazionale.

Per oltre un secolo molti Curdi hanno cercato di ottenere la creazione di un "Kurdistan" indipendente o perlomeno autonomo, con mezzi sia politici sia militari. Tuttavia i governi degli Stati che ospitano un numero significativo di Curdi, si sono sempre opposti attivamente all'idea di uno Stato curdo.

I Curdi parlano numerosi dialetti (generalmente mutuamente comprensibili) della lingua curda che fa parte del ramo iranico dei linguaggi indoeuropei, e da loro chiamata "Màda".

Si ritiene che i Curdi moderni discendano dagli

---

34 Con tale nome ci si riferisce storicamente, a quella regione "compresa tra I due fiumi", ovvero tra il Tigri e l'Eufrate, anche detta "Terra della Mezzaluna Fertile", con chiaro riferimento alla diffusione della religione islamica in tale territorio.

abitanti dell'antico Regno di Corduene, noti anche come *Carduchi*, a loro volta discendenti dagli antichi Medi, con apporti di Sciiti e Galati di stirpe celtica.

Ad oggi rappresentano un avamposto contro l'avanzata dello Stato islamico verso l'Europa, uno dei pochi gruppi etnici del sud della Siria, ad aver imbracciato le armi contro i tagliagole dell'Isis.

Cyberjihad: Estensione della jihad, è una guerra santa condotta sullo spazio informatico, mediante hackeraggi a siti fondamentali per la sicurezza nazionale di uno Stato, frodi per reperire risorse economiche, proselitismo per iniziare nuovi adepti al fondamentalismo.

Recenti stime confermano che nel 2015 lo Stato Islamico, ha destinato al suo Dipartimento informatico composto prevalentemente da hacker e ingegneri informatici, alcuni dei quali formati nelle migliori università occidentali, l'equivalente di quanto abbia destinato al fondo armi e munizioni del proprio esercito.

D

Dabiq: E' una rivista online pubblicata dall'autoproclamato Stato Islamico, ovviamente a scopo di propaganda.

La rivista è stata pubblicata per la prima volta nel luglio 2014 in diverse lingue. Il primo numero riporta la data "Ramadan 1435" del calendario islamico.

Data la sua natura, la rivista è disponibile, come in molti altri casi del genere, solamente utilizzando browser che consentono l'accesso e la navigazione nel deep web. A differenza della rivista *Inspire* pubblicata da Al Qaeda nella Penisola Arabica, che ha deciso di aggiornare a una fase futura i suoi attacchi contro l'Occidente, *Dabiq* si concentra sulla legittimazione religiosa dello Stato Islamico e del suo "califfato" autoproclamato, incoraggiando i musulmani a spostarsi nello Stato Islamico.

Daesh: Anche detto Isis, Isil o IS. L'autoproclamato Stato Islamico (abbreviato IS, in arabo: *al-Dawla al-Islāmiyya*) è un gruppo jihadista salafita attivo in Iraq e in Siria il cui capo, Abu Bakr Al Baghdadi, nel giugno 2014 ha unilateralmente proclamato la nascita di un califfato nei territori caduti sotto il suo controllo in una fascia di territorio compresa tra la Siria nord-orientale e l'Iraq occidentale.

Prima di tale proclamazione, il gruppo si faceva chiamare "ad-Dawla al-Islāmiyya fī al-ʿIrāq wa l-Shām" (ovvero Daesh), tradotto in italiano come Stato Islamico dell'Iraq e della Siria (*Islamic State of Iraq and Syria*, ISIS) o Stato Islamico dell'Iraq e del Levante (*Islamic State of Iraq and Levante,* ISIL).

La parola araba *sham* indica infatti quella regione geografica che comprende il sud della Turchia, la Siria, il Libano, Israele, la Giordania e la

Palestina e che viene indicata come Grande Siria o Levante.

Le origini del gruppo risalgono ad "Al Qaeda in Iraq" (2004–2006), poi rinominata "Stato Islamico dell'Iraq" (2006–2013), fondata da Abu Musab Al Zarqawi nel 2004 per combattere l'occupazione americana dell'Iraq e il governo irachenp sciita sostenuto dagli Stati Uniti d'America dopo il rovesciamento di Saddam Hussein.

A partire dal 2012 lo Stato Islamico dell'Iraq è intervenuto nella guerra civile siriana contro il governo di Bashar al Assad e nel 2013, avendo conquistato una parte del territorio siriano e scelto come propria capitale Raqqa, ha cambiato nome in Stato Islamico dell'Iraq e della Siria (ISIS).

Nel 2014 l'ISIS ha espanso il proprio controllo in territorio iracheno (con la presa in giugno di Mossul), proclamando la nascita del "califfato" il 29 giugno 2014.

Le rapide conquiste territoriali dell'ISIS hanno finito per attirare la preoccupazione della comunità internazionale, spingendo gli Stati Uniti e altri Stati occidentali e arabi a intervinire militarmente contro l'Isis, con bombardamenti aerei in Iraq da agosto 2014 e in Siria da settembre 2014.

Dapprima alleato di Al Qaeda, rappresentata in Siria dal Fronte al-Nusra, l'ISIS se ne è definitivamente distaccato nel febbraio 2014, diventandone il principale concorrente per il primato nel jihad globale. Ad oggi, lungi dall'essere sconfitto o anche solo minimamente ridimensionato, l'ISIS rappresenta la massima espressione mondiale del fondamentalismo islamico, in quanto controlla una zona di territorio grande quanto un Paese di medie-grandi dimensioni.

Ma soprattutto, tra le peculiarità che rendono l'ISIS un fenomeno terroristico del tutto inedito, troviamo un'economia florida e solida (spesso definita, abbastanza ingenuamente, come instabile e soggetta a crolli improvvisi), un'incredibile capacità di reclutamento tra le nuove generazioni di musulmani occidentali, e un apparato comunicativo degno delle più grandi company hollywoodiane.

Si stima che ad oggi sono circa 27.000 i combattenti che hanno giurato fedeltà allo Stato Islamico e al Califfo Abu Bakr al Baghdadi.

Di essi, quasi il 50% proviene da Europa e Nord America, e sono considerabili a tutti gli effetti cittadini occidentali muniti di regolare passaporto.

Ovviamente questo dato, su tuttti, è quello che preoccupa maggiormente le autorità di sicurezza europee ed americane, in quanto palesa non solo una mal riuscita integrazione dei migranti, ma soprattutto, la presenza su suolo occidentale di migliaia di potenziali bombe umane pronte ad esplodere.

Dawa: Il termine *da'wa* in linea di massima identifica l'azione di proselitismo dell'Islam.

Il vocabolo arabo significa letteralmente "richiamo, appello, propaganda". "Invitare il prossimo all'Islam" è considerato un dovere dai musulmani. *Da'wa* è talora riferito all'azione di "predicare l'Islam".

Un musulmano che pratica la *da'wa*, che sia o meno un "uomo di religione", è chiamato *da'ì*. Un *da'ì* è così un uomo che invita la gente ad abbracciare l'Islam attraverso un metodo dialogico e in certi casi può essere tradotto col termine "missionario".

Il termine è stato storicamente impiegato in ogni occasione in cui, in ambito islamico, s'intendeva far prevalere una specifica visione ideologica e politica dell'Islam.

Per questo si parla normalmente di *da'wa* abbaside, organizzata per abbattere il potere ommayyde, a torto o a ragione giudicato dai suoi avversari come "usurpatore".

Ma anche di *da'wa* ismailita-fatimide per far trionfare, per converso, a partire dal X secolo, la causa di quella particolare forma di Sciismo a tutto detrimento del potere abbaside.

Dhimmi: Un dhimmi (*ahl al-dhimma*, "Gente della *dhimma*", Lingua turca *zimmi*) era un suddito di fede non musulmana di uno Stato governato dalla *sharia,* ovvero la legge islamica.

Con *Dhimma* si intende un "patto di protezione" contratto tra non musulmani e un'autorità di governo musulmana.

Lo status di *dhimmi* era in origine riferito solo all'Ahl al Kittab ("Gente del Libro"), cioè ebrei e cristiani ma in seguito anche zoroastriani, mendei e infine agli indù, ai sikh e ai buddhisti. I *dhimmi* godevano di maggiori diritti rispetto ad altri soggetti non-musulmani, ma di minori diritti legali e sociali dei musulmani.

Lo status di *dhimmi* venne applicato a milioni di persone vissute tra l'Oceano Atlantico e l'India dal VII secolo all'epoca moderna. Nel tempo, molti si convertirono all'Islam.

Molte conversioni furono volontarie e motivate da diverse ragioni, ma le conversioni forzate giocarono un ruolo crescente, soprattutto dal XII secolo sotto gli Almhoadi nel Maghreb e in Al-Andalus, in Persia e in Egitto, dove il Cristianesimo copto era ancora la religione numericamente dominante.

Ai *dhimmi* era concesso di praticare la propria religione, soggetti a certe condizioni, e di godere di una certa autonomia. Era loro garantita la sicurezza personale e la certezza della proprietà come corrispettivo del pagamento di un tributo e del riconoscimento della supremazia musulmana.

Dal punto di vista del conquistatore musulmano era la prova concreta della soggezione del *dhimmi*. Alcune restrizioni e incapacità legali riguardavano i *dhimmi*, come ad esempio la proibizione di portare armi.

Si trattava di limitazioni sociali e simboliche più che materiali e le persecuzioni, intese come repressioni attive e violente, erano un fatto straordinario.

Diserbante: I diserbanti, detti anche erbicidi, sono sostanze utilizzate per il controllo delle malerbe o piante infestanti.

Gli erbicidi più comuni sono composti chimici di

sintesi, spesso *xenobionti* ossia chimicamente estranei, disaffini, ai composti naturalmente presenti negli esseri viventi.

È in questi termini che si pone il problema dell'impatto ambientale dell'utilizzo di erbicidi in agricoltura, ma non solo: erbicidi sono impiegati per uso civile, e addirittura se ne può citare l'uso militare (l'Agente Arancio è un degno esempio).

Figura come una delle principali componenti potenzialmente esplosive attualmente in commercio. Il terrorismo cosiddetto "fai da te" se ne serve per la sua facile reperibilità, il basso costo e la facile modalità di assemblaggio che la contraddistingue.

Droga: Giuridicamente definite sostanze stupefacenti che, in virtù dei loro effetti farmacologici sul sistema nervoso centrale, e in particolare sullo stato di coscenza, sono fatte oggetto di uso non terapeutico, principalmente voluttuario.

L'uso di alcune di queste sostanze può determinare l'insorgenza di fenomeni di dipendenza fisica e/o psichica (detta anche tossicodipendenza), oltre ad eventuali effetti collaterali.

Il traffico internazionale di sostanze stupefacenti rappresenta ad oggi una delle principali fonti di arricchimento del terrorismo islamico.

Si è calcolato che nel 2014, insieme al traffico clandestino di petrolio, oro e minerali che producono un indotto di circa 19 milardi di dollari netti da reinvestire in attività criminali (per l'appunto attività terroristica), gli stupefacenti hanno generato un introito di oltre dieci miliardi di dollari, ponendosi come uno dei main business del terrorismo di matrice islamica nel mondo.

Tra le droghe maggiormente lavorate ed esportate dal terrorismo islamico vi sono l'oppio (grazie ad un'altissima concentrazione di piante da papavero proprio nella regione del Nimroz[35] afgano, ovvero il territorio controllato dai talebani) e l'hascish (trattato soprattutto da gruppi terroristici dell'alto Maghreb).

Non mancano le droghe sintetiche, lavorate prevalentemente in raffinerie europee e nord americane, da cellule terroristiche o criminali locali in join venture con la jihad internazionale..

E

Egitto: E' un paese transcontinentale che

---

35 La regione del Nimroz, insieme a quella del Kandahar, è considerata una delle roccaforti mondiali per la produzione dell'oppio. Le persone attualmente impegnate nella lavorazione della pianta da papavero, da cui poi si ricava l'oppio, è stimata in quasi mezzo milione di unità. A queste vanno poi sommate le persone coinvolte nell'indotto di questo commercio, circa 2,4 milioni di persone, che rappresentano de facto il 10% dell'attuale popolazione afgana. Gli introiti generati da tale commercio, rappresentano attualmente il 54% del PIL afgano.

attraversa l'angolo nord-ovest dell'Africa e l'angolo sud-est dell'Asia attraverso un ponte di terra formato dalla Penisola del Sinai.

La maggior parte del suo territorio di 1.001.000 chilometri quadrati si trova nel Nord Africa e confina con il Mar Mediterraneo a nord, la Striscia di Gaza e Israele a nord-est, il Golfo di Aqaba ad est, il Mar Rosso al est e sud, il Sudan a sud e la Libia ad ovest.

A seguito della Primavera Araba, che ha distrutto quel che rimaneva del Regime autoritario di Mubarak[36], l'Egitto ha vissuto negli ultimi anni una stagione di profondi sconvolgiment.

Da Paese garante della laicità e fedele alleato delle Democrazie occidentali in Medio Oriente, si è trasformato oggi in un epicentro del terrore, base permanente per migliaia di jihadisti, terra fiorente per gruppi terroristici come la Brigata Al Nusra e Al Qaeda nel Maghreb.

Figura spesso nelle conversazioni telefoniche tra jihadisti, che identificano il nuovo corso intrapreso dallo Stato che fu di Sadat, come di un Paese che ha riscoperto i veri valori fondanti dell'Islam, una terra in cui la Sharia è ormai legge e la jihad una sua diretta e accettata conseguenza.

---

36 Hosni Mubarak, è un politico egiziano, quarto Presidente dell'Egitto dal 1981 al 2011, ed uno dei più influenti leader mondiali del XX secolo. A seguito della sua caduta nel 2011, causata dai moti della Primavera Araba, è stato sottoposto a processo e condannato a tre anni di carcere per sottrazione di fondi pubblici.

Egira: Indica il trasferimento dei primi fedeli musulmani e del loro capo Maometto, dalla natia Mecca alla volta della città di Yathrib (poi divenuta Medina), dopo la cacciata di quest'ultimo dalle tribù della sua città natale.

Ciò nonostante, più che una fuga o una diaspora, l'Egira rappresenta la nascita del primo nucleo ufficiale dello Stato Islamico.

Proprio in considerazione di ciò che il 622, l'anno in cui questo trasferimento ebbe luogo, venne poi prescelto dall'allora secondo califfo Umar Ibn al Khattab[37], come inizio del calendario islamico.

Esplosione: Un'esplosione è un improvviso e violento rilascio di energia termica, geotermica o meccanica generato da un accumulo di pressione, energia chimica, energia elettrica o nucleare, generalmente accompagnato dalla produzione ed espansione di gas a d altissima temperatura.

Tristemente nota come preambolo o fase centrale di una strage, negli ultimi due anni si sono stimate oltre centoventimila esplosioni in tutto il mondo, generate da ordigni assemblati da terroristi di matrice jihadista.

Europa: E' una regione geografica della Terra comunemente considerata un unico continente in base a fattori geopolitici, economici, antropologici, militari e storico-culturali.

---

37 Considerato il secondo califfo dell'Islam dopo Abu Bakr, resse la Umma dal 634 al 644.

La storia e la cultura europea hanno influenzato notevolmente quelle degli altri continenti, verso i quali, a partire dal XVI secolo, sono state frequenti e massicce le migrazioni, specialmente in America e in Oceania, dove, in alcune aree, gli europei hanno quasi sostituito le popolazioni locali.

Nell'ultimo trentennio abbiamo assisitito ad un processo inverso, con una crescente migrazione da altri continenti verso il suolo europeo, con evidenti conseguenze sul piano sociale, antropologico e politico ed economico.

Nonostante molti tendono a considerare il fenomeno migratorio composto prevalentemente da quelle popolazioni provenienti dai Paesi dell'ex blocco sovietico, ad oggi in tutto il territorio europeo, essi rappresentano soltanto una esigua minoranza rispetto a gruppi etnici ben più folti, come i nord africani, i centro africani, gli asiatici (con particolare presenza dell'etnia cinese) e sudamericani. Ovviamente le ripercussioni sono evidenti e talvolta perfino drastiche.

Con tassi di crescita alle volte superiori di quattro volte rispetto alla popolazione autoctona, queste categorie di migranti hanno portato sì ad un arricchimento e una diversificazione della nostra società in molti ambiti, con una valorizzazione di importanti alterità, ma hanno generato anche effetti dalle conseguenze imprevedibili, soprattutto se valutate nel medio e lungo termine.

Su tutti: la progressiva islamizzazione del nostro tessuto culturale, un rapido cambiamento dei delicati equilibri etnici e culturali che da sempre contraddistinguono il continente europeo, un'evidente emergenza sicurezza frutto di molteplici fattori, una dilagante migrazione clandestina, un fiorente mercato nero del lavoro, l'importazione di usi e costumi che ledono il nostro codice penale (ma che al contempo non riescono a sfuggire alla legge, grazie a cavilli e leggi machiavelliche), e infine una sempre più difficile coesistenza tra autoctoni, seconde generazioni e nuovi immigrati nei quartieri più a rischio.

F

Falangi Verdi di Maometto: E' una formazione jihadista composta da milizie sunnite ed ex appartenenti baathisti al disciolto esercito iracheno fedele al Rais Saddam Hussein.

Considerata una microformazione, per la sua esigua composizione numerica, sono da oltre dieci anni uno dei gruppi più attivi all'interno della jihad mediorientale. Specializzati in rapimenti ed estorsioni, il 13 aprile 2004 nei pressi di Baghdad, sequestrarono quattro vigilanti italiani, Umberto Cupertino, Maurizio Agliana, Salvatore Stefio e Maurizio Quattrocchi. Quest'ultimo fu ucciso il giorno dopo con due colpi di pistola alla testa e fu successivamente diffuso un filmato della barbara esecuzione. Gli altri furono liberati il successivo 8 giugno da un blitz condotto da unità speciali statunitensi.

Farsi: Il persiano è una lingua iranica parlata in Iran, in Tagikistan dove è ufficialmente denominato *tojiki*, in Afghanistan dove è ufficialmente denominato *dari,* e in Uzbekistan.

Fatwa: Nel diritto islamico, corrisponde ai *responsa* del diritto romano. Si tratta di una risposta data a un *qadi*, cioè a un giudice musulmano di nomina governativa, da un *faqih* (esperto di legge coranica), quando questi sia interpellato per conoscere quale sia l'orientamento sciaraitico prevalente riguardo ad una certa fatti specie giuridica.

In caso di risposta che affermi la liceità di un comportamento, il *faqih* viene detto *muftì*.

Il quesito deve essere sottoposto in forma anonima e in lingua originale al Muftī, che indicherà l'astratto modo di procedere.

L'obbligatorietà dell'applicazione del disposto della *fatwa* si verifica quando il Muftī appartenga alla stessa scuola giuridica del *qadi*. In caso contrario la *fatwa* sarà un semplice parere, non cogente per il giudice che ha avanzato il suo interrogativo al Muftī.

I tribunali sciaraitici – oggi operanti solo in sporadici casi, lì dove siano state reintrodotte in tutto o in parte le norme sciaraitiche – agiscono basandosi esclusivamente su quanto riportato dalle fonti della Shari'a (ossia Corano e Sunna).

Essendo la *fatwa* un'opinione personale, per quanto autorevole, essa non obbliga il giudice ad applicare quanto suggerito dall'esperto, se il suo *madhaab* non sia esattamente quello del *qāḍī* richiedente.

Quindi una *fatwā* non ha necessariamente alcuna diretta esecutività. Oltre alla mancanza di esecutorietà della *fatwā*, va comunque ricordato che, essendo una sorta di parere *pro veritate*, può frequentemente avvenire che siano emesse *fatawā* tra loro del tutto discordanti.

Il fatto non crea scandalo alcuno nella cultura giuridica islamica, dal momento che un Hadith attribuito a Maometto, asserisce che «la disparità di giudizi (*ikhtilāf*) è una benedizione per la Umma islamica».

Fiqh: Può essere tradotto con il termine di giurisprudenza coranica. Il *diritto musulmano* nasce dal prolungamento del lavoro di costruzione della Legge Coranica.

Nel corso della storia, l'Islam ha conosciuto la necessità di fare leggi conformi agli insegnanti del Corano e del profeta Muhammad, per fare queste leggi era necessario raccogliere tutti i detti ed i fatti autentici attribuiti al Profeta Muhammad e fare leggi in base alla loro attendibilità.

Lo storico Ibn Khaldun, definisce il *fiqh* come la "conoscenza dei comandamenti di Dio che concernono le azioni, qualificate come *wājib* (obbligatorie), *ḥarām* (vietate), *mandūb* (raccomandate), *makrūḥ* (disapprovate) o *mubāḥ* (indifferenti)".

Finanza Islamica: Con questa espressione si

intende quel tipo di finanza basata su alcune interpretazioni del Corano, tra cui la devoluzione di parte dei propri guadagni alla carità (*zakat*) e all'investimento dei proventi di tale attività in strutture socialmente utili alla comunità islamica.

Le dimensioni, incredibili, della finanza islamica veicolata e agevolata dalle istituzioni finanziarie tradizionali, viene stimata in circa duemila (2.000) miliardi d'euro per l'anno 2015[38], con tassi di crescita annua a doppia cifra.

Ciò nonostante, è riduttivo calcolare soltanto la montagna di denaro generata mediante operazioni finanziarie.

Aggiungendo l'ammontare dello *zakat* effettuato nel mondo da tutti i musulmani credenti, e la finanza informale basata sull'*hawala* e il microcredito, è più che ragionevole considerare una cifra che si aggira sui quattromila (4.000) miliardi di euro ogni anno.

Fitna: Col termine *fitna* si indica il primo violento e drammatico scontro civile - teologico ma anche politico - che si sviluppò nel corso del primo Islam, all'epoca dei cosiddetti "Califfi ortodossi". *Fitna* è anche il titolo di un lavoro a stampa di Gilles Kepel[39], uno dei massimo conoscitori delle

---

38 Secondo una stima effettuato dall'istituto di rating americano Standard and Poor's.

39 Gilles Keppel è un politologo, orientalista e accademico francese. Considerato tra i massimi esperti di Islam al mondo, nel suo celebre saggio "Jihad", analizza in modo

dinamiche islamiste.

Nel suo libro, l'autore interpreta i fatti che hanno pesantemente coinvolto il mondo islamico a partire dal secondo dopoguerra, dall'irrisolto conflitto israelo-palestinese alla guerra statunitense in Iraq. passando per l'insorgenza drammatica del terrorismo di Al Qaeda al regime dei Talebani nell'Afghanistan degli anni novanta, per cercare di fornire al lettore una chiave interpretativa di fatti solo apparentemente disomogenei, affrontando infine il tema della presenza di masse sempre crescenti di musulmani, specialmente nel continente europeo ma anche in quello americano.

La *fitna*, in questo caso, non è soltanto per lo studioso francese quella che coinvolge al suo interno il mondo islamico (tutt'altro che monolitico e indifferenziato), ma assai più quella che contrappone con una crescente scia di violenza e di oltranzismo intollerante i due sistemi-mondo, occidentale e islamico.

Con l'Occidente visto dai musulmani come complice dei regimi autoritari, ma anche democratici e quindi antitetici alla visione islamica di Stato teocratico, che in quest'ottica li governano illecitamente quasi dovunque. Stati che, secondo la comune opinione, non sarebbero in grado di

---

meticoloso lo sviluppo dell'islam politico, concludendo che esso è un segno del declino della religione islamica. Inoltre è un fervente sostenitore della tesi che l'islamismo odierno, più un'ideologia che una religione, sia in primis una forma di guerra civile interna allo stesso Islam.

sopravvivere senza il fondamentale sostegno occidentale.

Foreign Fighters: Quando si parla di Isis e Stato Islamico non si può fare a meno di nominare i Foreign Fighters, letteralmente "combattenti stranieri".

I Foreign Fighters sono coloro che, pur non appartenendo geograficamente ai paesi nei quali è nato il foreign fighter (dato che spesso appartiene a uno o entrambi i genitori del soggetto in questione), decidono di affiliarsi allo Stato Islamico abbracciandone ideologie e metdodi di combattimento a promessa di una vita migliore in uno Stato che promette giustizia sociale e benessere.

E' molto difficile fare un ritratto univoco delle persone che decidono di affiliarsi allo Stato Islamico, tanto è varia la loro provenienza: i Foreign Fighter provengono sia dagli strati più bassi della società, che da famiglie benestanti.

I loro livelli di istruzione sono diversi e l'arruolamento avviene sia tra musulmani (di prima, seconda o terza generazione che vivono in occidente) che tra i cosiddetti "convertiti dell'ultimo minuto".

I Foreign Fighters trovano nell'Isis un'ideologia forte, un motivo per cui combattere, nonché la prospettiva di una nuova vita in cui possano affermarsi anche dal punto di vista personale.

A tal proposito, esemplare è la storia del primo ragazzo statunitense morto combattendo per lo Stato Islamico: Douglas Mc Arthur McCain, un ragazzo americano che a vent'anni si converte all'Islam e al jihaidismo per ingrossare le fila dei combattenti islamici, per poi morire in nome del suo nuovo ideale.

I Foreign Fighters si identificano con la Jihad, spesso per dare un senso alla propria esistenza: dall'Europa (e non solo) partono per l'addestramento in Medio Oriente per poi far ritorno e, spesso, colpire il mondo dal quale provengono.

La Jihad, quindi, diventa per i Foreign Fighters una ragione di vita tanto da identificarsi in una lotta, una vera e propria identificazione per la quale sono disposti a combattere, a costo di sacrificare la propria vita.

Attualmente risulta molto difficile controllare il fenomeno, soprattutto perché l'opera di proselitismo non avviene solo nei luoghi fisici. La propaganda si fa anche e soprattutto sul web, e in modo costante. Stando alle ultime stime, si pensa che i Foreign Fighters siano circa 20.000 e di provenienza molto varia. Non solo Nord Africa e Medio Oriente, ma anche Europa e Russia.

Fratelli Musulmani: Associazione di ispirazione religiosa fondata in Egitto nel 1928 da Hasan al-Banna[40].

---

40 L'imam Hasan al Banna è stato un ideologo, politico e religioso egiziano, fondatore del movimento dei Fratelli Musulmani, gruppo che lo ha fatto divenire uno dei più importanti ed influenti esponenti della comunità islamica mondiale.

Formatisi in origine per difendere l'Islam dai processi di progressiva deislamizzazione che le presenze coloniali straniere promuovevano in Egitto, i Fratelli Musulmani fin dai primissimi anni della loro presenza in Medio Oriente ebbero un grandissimo successo, riscuotendo consenso soprattutto tra le fasce medio basse della società.

Negli anni a cavallo della Seconda Guerra Mondiale arrivarono a contare circa un milione di aderenti attivi, organizzati gerarchicamente attraverso un organigramma di caratura militare e formati attraverso processi rieducativi e di istruzione dei principi islamici.

Storicamente, sia in Egitto che nelle varie sezioni sorte in altri Paesi come la Turchia, il Sudan, l'Oman, il Qatar e gli Emirati Arabi Uniti, i Fratelli Musulmani hanno sempre posto particolare attenzione all'analisi politica e alle modalità per poter incidere con peso nelle scelte intraprese da una data società.

Ovviamente con il fine esplicito di permettere la comprensione, la diffusione massima possibile e la cementificazione sociale dei propri principi e del proprio programma politico.

Dopo la frattura con la componente jihadista, la Fratellanza e tutti i partiti islamici, che si rifanno direttamente o indirettamente alla loro ideologia, partecipano alla vita politica dei Paesi dove ciò è possibile, con alterne e spesso controverse fortune.

G

Gedda: Situata nella regione del Hijaz, è la seconda città più grande dell'Arabia Saudita dopo la capitale Riyad.

La sua popolazione raggiunge i 3 milioni di abitanti (4,5 milioni considerando la vastissima area metropolitana). Il 99,97% della popolazione è di fede islamica, di cui la stragrande maggioranza, circa il 96%, si professa sunnita.

Guantanamo: Il campo di prigiona di Guantanamo è una struttura detentiva statunitense di massima sicurezza interna alla base navale di Guantanamo, sull'isola di Cuba.

L'area di detenzione era composta da tre campi: il "Camp Delta" (che include il "Camp Echo"), il "Camp Iguana" e il "Camp X-Ray" (da cui è stato tratto l'omonimo film[41]), quest'ultimo è stato chiuso.

L'11 gennaio 2002, il governo degli Stati Uniti, sotto l'amministrazione Bush, ha aperto uno speciale campo di prigionia all'interno della base, finalizzato alla detenzione di prigionieri catturati in Afghanistan e ritenuti collegati ad attività terroristiche.

---

41 "Camp X Ray" è un film drammatico del 2014, premiato al Sundance Film Festival per la categoria film drammatici. Narra le gesta di una giovane soldatessa americana assegnata ad un difficoltoso ruolo di guardia carceraria a Guantanamo.

In quasi quattordici anni di attività, contrassegnati da aspre critiche ma anche da brillanti successi nella prevenzione di attentati terroristici, circa quattromila detenuti sono transitati per il carcere di Guantanamo, tutti con l'accusa di terrorismo islamico o attività con conseguente finalità terroristica.

Tra i detenuti più celebri e al contempo pericolosi, passati dalla base statunitense in terra cubana nel corso degli ultimi dieci anni, possiamo ricordare: il saudita Abd al Rahman Shalbi Isa Uwaydah, i yemeniti Moath Hamza Ahmed al Alwi, Ghaleb Nassar al Bihani e Khalid Ahmed Qasim, il marocchino Abdul Latif Nasir e il noto terrorista afgano Mohammad Nabi Omari.

H

Hadith: <<Detto>> o, in misura decisamente minore, <<atto del Profeta Maometto>>. Accanto al Corano, è considerata l'altra grande fonte principale cui attingere per ispirare il comportamento di ogni buon musulmano.

Gli "hadith" sono spesso costituiti da poche parole o poche righe, in cui il ruolo fondamentale spetta alle parole pronunciate dal Profeta.

La rilevanza di queste testimonianze ha dato origine a numerose e spesso discutibili opere, prevalentemente scritte nel corso del Medioevo, di analisi e raccolta di quanto attribuito al Profeta.

La necessaria attenzione a chi li trasmise, ha avuto un ruolo fondamentale nell'attenzione tradizionale per la storia del primo Islam, cosi come per definire biografie di compagni del Profeta e dei loro successori.

Le raccolte più importanti, che ne contengono alcune migliaia, furono scritte da al-Bukhari[42] (m. 870) e Muslim[43] (m. 875), e sono seconde per importanza solo al Corano per l'Islam sunnita.

Halal: E' un termine arabo che significa letteralmente <<lecito>>, atto ad intendere tutto ciò che è lecito secondo la dottrina islamica.

Tale concetto attiene ad una vasta categoria di comportamenti, che spaziano dall'abbigliamento, all'alimentazione, dal modo di parlare alla condotta.

Nel mondo occidentale è particolarmente conosciuto in ambito alimentare, data la sua comunanza con le carni macellate secondo metodo

---

42 Fu il più famoso ed autorevole tradizionalista musulmano. Studioso precoce di hadith, compie in età adolescenziale un primo pellegrinaggio alla Mecca, dove intraprese giovanissimo un percorso della "ricerca della conoscenza". Il frutto del suo enorme lavoro fu "La raccolta corretta", una delle più importanti opere islamiche composte nel corso della storia.

43 Fu uno dei massimi giuristi ed esponenti dei tradizionalisti musulmani. La sua opera più famosa, "La sana raccolta", è uno dei libri cardine per I musulmani sunniti.

halal[44] (metodo che contravviene le norme in materia, nella fattispecie la deroga al Reg. CE 1099/2009 "Protection of animals at the time of killing")

Hamas: Acronimo di Sarakat al-Muqâwama al-Islâmiyya è un'organizzazione palestinese, di carattere politico, paramilitare e terrorista secondo l'Unione Europea, in base alla posizione comune del suo Consiglio (2005/847/PESC del 29 novembre 2005), gli Stati Uniti e l'Australia.
Fondata dallo Shaykh, Ahmad Yasin, Abd al-Azizi al- Rantisi e Mahmud al-Zahar nel 1987, sotto la pressione dell'inizio della Prima Intifada, come braccio operativo dei Fratelli Musulmani per combattere lo Stato di Israele, la cui presenza nella Palestina storica viene considerata illegittima.
Durante la Seconda Intifada, nel periodo che va

---

44 L'Islam stabilisce delle norme ben precise per l'uccisione degli animali, affinchè il fedele musulmano ne possa mangiare le carni. L'insieme di queste norme va sotto il nome di "macellazione halal" e prescrive che, al momento dell'uccisione, l'animale deve essere cosciente e che venga ucciso tagliandogli la gola con un coltello affilato. La testa dell'animale deve essere orientata vero la Mecca e non deve essere recisa. Nel momento dell'uccisione il macellaio, che deve essere rigorosamente di fede islamica, deve recitare la formula "Nel nome di Allah, il Clemente, il Misericordioso". La morte sopraggiunge lentamente, tra le sofferenze inaudite dell'animale, generate dal dissanguamento.

dal 2000 al 2005, ha effettuato svariati attentati suicidi contro l'esercito israeliano e contro la popolazione civile dello Stato ebraico, che hanno provocato centinaia di vittime civili e militari.

Hamas, che significa letteralmente *sussulto,* gestisce anche ampi e diffusi programmi sociali, e ha guadagnato popolarità nella società palestinese con l'istituzione di ospedali, sistemi di istruzione, impianti di irrigazione, biblioteche e altri servizi in tutta la Striscia di Gaza.

Lo Statuto di Hamas propone come condizione imprescindibile, la totale distruzione dello Stato d'Israele e la sua sostituzione con uno Stato islamico palestinese.

Hanbalita: L'hanbalismo è un *madhhab* (scuola giuridico-religiosa islamica) che all'interno del sunnismo, si occupa delle problematiche connesse alla Legge Coranica

È stato fondato da Ahmad ibn Hanbal (Baghdad 780-855), il quale si opponeva in modo radicale a qualunque forma di intromissione della ragione umana - ritenendola arbitrariamente soggettiva - nell'interpretazione delle due fonti primarie dell'Islam: Corano e Sunna.

Tra i principali pensatori hanbaliti della storia, vi è il fondatore e ideologo del Wahhabismo, Muhammad ibn Abd Al Wahhab.

Hawala: La hawāla (conosciuta anche come hundi) è un sistema informale di trasferimento di valori basato sulle prestazioni e sull'onore di una vasta rete di mediatori, localizzati principalmente in Medio Oriente, Nord Africa, nel Corno d'Africa ed in Asia Meridionale.

In diverse varianti di base della *ḥawāla*, il denaro viene trasferito attraverso una rete di mediatori *ḥawāla*, o *ḥawāladar*. Un cliente avvicina un broker *ḥawāla* in una città, e gli consegna una somma da trasferire ad un destinatario che si trova in un'altra città, di solito straniera.

Il broker *ḥawāla* chiama un suo omologo presente nella città del destinatario, dà delle disposizioni sui fondi (di solito, sottraendo una piccola commissione), e promette di saldare il debito in una data successiva.

L'unica caratteristica del sistema è che tra i broker non vengono scambiati strumenti cambiari; le transazioni sono basate unicamente sull'onore.

Dato che il sistema non dipende dall'applicabilità giuridica dei crediti, lo stesso può funzionare anche in assenza di un sistema legale e giuridico. Sono prodotte informali registrazioni delle transazioni individuali, ed è tenuto un conteggio dell'importo dovuto da un broker ad un altro.

Il pagamento del debito tra i broker può assumere diverse forme, non dovendo assumere necessariamente la forma di operazioni di cassa dirette. In aggiunta alle commissioni, i profitti dei mediatori *ḥawāla* sono basati anche sul fatto che gli stessi bypassano i tassi ufficiali di cambio. Generalmente, i fondi entrano nel sistema con la valuta del paese di origine, e lo lasciano nella valuta del paese del destinatario.

Così come i pagamenti avvengono senza alcuna operazione in valuta estera, per cui possono essere effettuati a tassi diversi dal cambio ufficiale. La *ḥawāla* è interessante per i clienti perché offre un trasferimento rapido e conveniente di fondi, di solito con una commissione di gran lunga inferiore a quella praticata dalle banche.

I suoi vantaggi sono più evidenti, quando il paese ricevente applica regolamenti distorsivi del tasso di cambio (com'è il caso di tipici paesi d'accoglienza, quali l'Egitto e il Pakistan) o quando il sistema bancario del paese di destinazione è meno complesso (ad esempio a causa delle differenze nella legge in Somalia, Yemen e Afghanistan).

Inoltre, in alcune parti del mondo è l'unica opzione per il legittimo trasferimento dei fondi, ed è stato utilizzato anche da organizzazioni umanitarie in aree in cui è l'istituto che assicura il miglior funzionamento.

Per di più, i trasferimenti sono informali, e non regolamentati efficacemente dai governi, il che è un grande vantaggio per i clienti alle prese con tasse, controlli valutari, immigrazione ed altre preoccupazioni.

In alcuni paesi, le *ḥawāla* sono attualmente regolamentati dai governi e i *ḥawāladar* sono autorizzati a svolgere i loro servizi di intermediazione di denaro.

Hezbollah: Ossia "Partito di Dio", è un'organizzazione paramilitare sciita libanese, nata nel giugno del 1982 e divenuto successivamente anche un partito politico sciita del Libano.

Ha sede in Libano ed il suo segretario generale è Hassan Nasrallah[45], succeduto ad Abbas Al-Musawi[46] a causa della morte di quest'ultimo nel 1992. La forza dell'ala paramilitare di Hezbollah è cresciuta a tal punto nel corso degli anni tanto da essere considerata più potente dell'esercito regolare libanese.

Nel nuovo manifesto politico del 2009, Hezbollah inquadra la propria azione nel contesto globale caratterizzato dalla "caduta del riprovevole sistema unipolare" egemonizzato dagli USA; si rivendica che la resistenza islamica, superando la sua dimensione libanese, è oggi presa ad esempio in tutto il mondo da quanti desiderano libertà e indipendenza.

La minaccia portata dal disegno egemonico degli USA è definita globale, e perciò si afferma che globale dev'essere l'opposizione. Nel manifesto

---

45 Leader politico e religioso libanese, sotto la sua guida il gruppo Hezbollah ha conosciuto un rapido e repentino miglioramento in termini di equipaggiamenti e militanti. Aumentando la capacità militare, oggi Hezbollah riesce non solo a controllare i processi politici libanesi, ma addirittura ad accreditarsi come avversario pericoloso per le forze armate israeliane.

46 E' stato un influente leader politico e del clero libanese, fondatore del movimento Hezbollah, ucciso nel corso di un'operazione condotta dalle Forze Armate Israeliane nel 1992.

fondativo si afferma di lottare per un Libano unito ed indipendente, rifiutando ogni forma di "frammentazione o di federalismo".

Israele è indicato come "una minaccia eterna" per il Libano, a causa dell'espansionismo ma anche dell'avversione ideologica: infatti, il Libano sarebbe un "modello di convivenza tra i seguaci delle religioni monoteiste", mentre Israele uno Stato razzista.

Finché persisterà la minaccia israeliana, si afferma, dovrà restare in armi la resistenza. Hezbollah critica il regime politico su base confessionale del Libano, considerandolo un ostacolo alla democrazia. Il confessionalismo politico è accettato momentaneamente come garanzia di convivenza, ma si auspica la sua abolizione per "una vera democrazia".

Lo Stato auspicato nel Manifesto dovrà garantire "una rappresentanza parlamentare corretta e giusta", applicare la legge "senza distinzione di religione, provenienza geografica ed orientamento politico", avere un'autorità giudiziaria indipendente, basare la sua economia su agricoltura e industria, garantire tutela sociale ai cittadini e "consolidare il ruolo delle donne".

Il Manifesto auspica uno strenua difesa della causa palestinese e della fraternità araba e musulmana; particolare enfasi è posta sui rapporti con l'Iran.

Hijab: il termine hijab indica qualsiasi barriera di separazione, posta davanti a un essere umano o a un oggetto, per sottrarlo alla vista o isolarlo. Acquista quindi parimenti il senso di "velo", "cortina" o "schermo".

Normalmente, però, il termine hijab viene usato in riferimento a un particolare capo di abbigliamento femminile, il "velo islamico", e in particolare a quella foggia di velo che adempie almeno alle norme minime di velatura delle donne, così come sono sancite dalla giurisprudenza islamica.

Attualmente il velo hijab viene interpretato come una forma di totale devozione della donna islamica alla sharia, o più verosimilmente, come una fervente ostentazione del rifiuto della cultura occidentale, considerata corruttrice dei valori fondanti dell'Islam.

Hudud: Letteralmente in arabo <<limiti>>; indica nella dottrina classica quei crimini considerati contro Dio e già sanzionati espressamente e inequivocabilmente nel Corano.

Questi includono atti come il furto , il consumo di sostanze intossicanti, l'apostasia, l'adulterio e ciò per cui il Corano prescrive fustigazione, amputazioni o condanna a morte.

La tradizione successiva e soprattutto la testimonianza degli *hadith* risalenti a Maometto, ha identificato nei dettagli altri crimini, talvolta perfino curiosi e difficilmente immaginabili, chiarendo ulteriormente i termini delle punizioni prescritte.

Nel corso del Medioevo, tuttavia, la speculazione giuridica ha spesso stabilito condizioni per poter temperare le ingiunzioni coraniche, ricorrendo a pena di morte o amputazioni in rari casi.

Il reintegro dell'applicazione letterale delle sanzioni si deve, in tempi più recenti, alle posizioni di pensiero più tradizionalista come il wahhabismo saudita o i talebani afghani.

Non sono però mancate nel corso del XX secolo prese di posizione diverse, che hanno sostenuto la necessità di trovare forme di superamento di queste ingiunzioni coraniche.

I

Iblis: E' il nome con cui nell'islam viene indicato il diavolo (sinonimo di satana).

Tale termine benchè diverso da *kafir* (miscredente in arabo), viene comunque talvolta utlizzato dai fondamentalisti islamici per indicare un infedele.

Ijtihad: E' un termine legale islamico appartenente allo sciismo, che indica il diritto di promulgare un fatwa.

La sua particolarità consiste nel diventare subito legge, basandosi apertamente su un'interpretazione indipendente da parte di dotti e religiosi autorizzati.

Imam: Il termine imam (pronuncia *imàm*, fa riferimento a una radice lessicale che indica lo "stare davanti" e, quindi, "essere guida"), può indicare tanto una guida morale o spirituale (ed è questo l'uso che per lo più se ne fa in ambiente politico), quanto un semplice devoto musulmano che sia particolarmente esperto nei movimenti rituali obbligatori della preghiera canonica *salat*.

Costui si pone davanti agli oranti, dando modo ad essi di correggere eventuali errori nei movimenti che comporterebbero l'invalidità della *salāt*.

Da un punto di vista strettamente religioso il termine imam indica una "Guida spirituale" e per questo è lecito usarla per i capi di movimenti politico-religiosi, come *Khomeini*.

Da un punto di vista istituzionale, l'imam è storicamente il capo della Comunità islamica (*Umma*) ed è per questo, nel Sunnismo, sinonimo di Califfo.

Un peso senz'altro maggiore è dato dalla figura dell'imam dalla Comunità islamica sciita, considerato "Guida ideale" per meriti umani e conoscenza religiosa essoterica ed esoterica, a causa dei suoi legami di sangue e spirituali con Ali ibn Abu Talib, cugino e genero del profeta Maometto

La sua speciale eccellenza fra gli uomini deriva però dall'essere, in modo privilegiato, ineffabilmente assistito da parte di Dio.

Per la maggioranza dello sciismo - detta *imamita*, duodecimana o, in arabo, *Ithna Asharyyia* - il numero degli Imàm che legittimamente hanno guidato i fedeli musulmani (o sarebbero stati legittimamente destinati a farlo se poi, storicamente, non ne fossero stati impediti dai califfi ommayyidi e abbasidi) è di dodici, mentre per la minoranza ismailita (o settimana, in arabo *Sab 'iyya*) il numero si limita a sette.

Infibulazione: Il termine "infibulazione" deriva dal latino "fibula" che significa spilla.

Definisce una procedura mutilativa nella quale la vagina è parzialmente chiusa approssimativamente all'altezza della metà delle grandi labbra attraverso una sutura che lascia solo un piccolo passaggio per l'urina e il sangue mestruale. La rimozione del clitoride può o non può essere inclusa.

In effetti esistono anche altri tipi di mutilazioni dei genitali femminili presenti in diverse aree culturali: la sunna, più lieve, che incide su una parte soltanto della clitoride, o l'escissione, che comporta una clitoridectomia totale.

Sono almeno 40 i paesi in cui è diffusa la pratica delle mutilazioni sessuali sulle bambine: ogni anno, due milioni di piccole vittime vanno ad aggiungersi ai 130 milioni di donne che vivono col marchio di questa ferita.

L'Africa sub-sahariana, da est a ovest, è l'area di maggiore diffusione: Sudan, Somalia e Mali soprattutto, ma anche gran parte dell'Africa occidentale, l'Egitto, le zone meridionali della penisola araba, e più raramente alcune zone dell'Asia sud-orientale.

Recentemente, tra le comunità di immigrati in Europa e Nord America, sono stati segnalati molti casi di infibulazione. In queste culture non aver subito la mutilazione genitale significa isolamento sociale: i Bambara, una delle etnie del Mali, chiamano "bikaloro" le bambine o donne non infibulate e questo è un gravissimo insulto, che vuol dire esseri privi di ogni maturità.

I casi denunciati dall'OMS (Organizzazione Mondiale della Sanità) sono tra i 100 e i 130 milioni. In Italia vivono alcune decine di migliaia di donne infibulate e, ogni anno, numerose bambine con genitori provenienti soprattutto dai paesi dell'Africa sub-sahariana rischiano di essere sottoposte a questo brutale rituale.

Inshallah: In šā' Allāh è un termine in lingua araba che significa "Se Allah vuole" e sta a indicare la speranza di un credente musulmano affinché un evento possa accadere in avvenire.

Una traduzione più libera potrebbe essere "ad Allah piacendo".

Il significato del termine ha un connotato chiaramente religioso, ma significa anche semplicemente "sia fatta la volontà di Allah". L'espressione è usata da molte popolazioni arabe e anche dai musulmani di lingua inglese, francese, tedesca o italiana.

Inspire: Organo di stampa ufficiale del sedicente Stato Islamico, è un magazine mensile con una diffusione attuale di circa 120.000 copie effettive.

Al suo interno, proprio come un qualsiasi magazine di stampo occidentale, vengono rappresentati usi e costumi della società di riferimento, per l'appunto la regione sottoposta al Daesh, con espliciti e ferventi riferimenti alla guerra santa contro l'Occidente.

Internet: E' una rete ad accesso rapido, prevalentemente pubblico (salvo alcuni Paesi dove è sottoposto a rigide limitazioni da parte dello Stato), che connette vari dispositivi in tutto il mondo.

Dalla sua nascita rappresenta il principale mezzo di comunicazione di massa, che offre all'utente una vasta serie di contenuti potenzialmente informativi e di servizi.

L'avvento e la diffusione di Internet e dei suoi servizi, hanno rappresentato una vera e propria rivoluzione tecnologica e socio-culturale dagli inizi degli anni novanta (assieme ad altre invenzioni come i telefoni cellulari e il GPS), nonché uno dei motori dello sviluppo economico mondiale nell'ambito dell'Information and Communication Technology (ICT).

Attualmente rappresenta il mezzo di comunicazione in assoluto più usato dal terrorismo contemporaneo, essendo spesso sfuggevole e di difficile criptazione.

Intifada: In arabo letteralmente "intervento" o "sussulto", è un termine che vuol significare nella fattispecie "rivolta", "sollevazione".

La parola è entrata nell'uso comune, come nome con cui sono conosciute le rivolte arabe dirette a porre fine alla presenza israeliana in Palestina. L'Intifada è uno degli aspetti più significativi degli anni recenti nel conflitto israelo-palestinese.

Si sono avute tre intifade dal 1987 ad oggi. La

prima, definita "delle pietre", è quella intercorsa tra il 1987 al 1993, la seconda, definita "Intifada al Aqsa" (dal nome dell'antica Moschea che sorge sulla spianata delle Moschee di Gerusalemme), è avvenuta tra il 2000 e il 2008, vedendo contrapposti lo Stato d'Israele e le milizie del gruppo terroristico palestinese conosciuto come Hamas.

La terza, definita "Intifada dei coltelli" è iniziata nell'Ottobre del 2015 ed è tutt'ora in corso, e prende il nome dalla metodologia di attacco di singoli civili palestinesi ai danni di cittadini israeliani, che prevede un assalto indiscriminato di normali cittadini palestinesi armati di lame, ai danni di un qualsiasi passante di nazionalità israeliana.

ISIS: Detto anche Isil o IS. Vedi *Daesh*.

Islam: E' una religione monoteista manifestatasi per la prima volta nella penisola araba, nella cittadina higiazena della Mecca nel VII secolo dell'era cristiana grazie a Maometto, considerato dai musulmani l'ultimo profeta inviato da Dio (in arabo Allah) al mondo per ribadire definitivamente la *Rivelazione*, annunciata per la prima volta ad Adamo, il primo uomo.

Con circa 1,6 miliardi di fedeli, che corrisponde al 23% della popolazione mondiale, l'Islam è la seconda religione del mondo per consistenza numerica e vanta un tasso di crescita particolarmente significativo. Il 13% dei musulmani vive oggi in Indonesia, che è anche il paese musulmano più popoloso, il 25% nell'Asia meridionale, il 20% in Vicino e Medio Oriente il 15% nell'Africa subsahariana.

Secondo un censimento del 1999 minoranze considerevoli si trovano anche in Europa, Cina, Russia e America.

Dette minoranze non sono oggi da considerarsi tali, in quanto dato l'elevato tasso di crescita della popolazione musulmana, la popolazione autoctona sempre più anziana, ma soprattuto gli ingenti e spesso mal gestiti flussi migratori provenienti dal Medio Oriente, Nord e Ovest Africa, e parte dell'Ovest Asiatico, la popolazione musulmana odierna risulta essere tra quelle più in espansione demografica, sociale, culturale ed economica in Europa e Nord America.

Islam4UK: E' stato un gruppo fondamentalista islamico nato in Gran Bretagna nel 2008 dall'imam ultraradicale Anjem Choudary.

La sua attività prevedeva attivismo e proselitismo a tutto campo, per implementare la sharia nel Regno Unito, al fine di convertire i cittadini britannici; trasferire il potere politico, economico e giudiziario alle autorità islamiche competenti; supportare la jihad mondiale mediante l'imposizione di tasse islamiche ai cittadini residenti nel Regno Unito e insediare il primo Stato completamente islamico nel cuore dell'Occidente.

Messo al bando dalle autorità britanniche nel 2010, risulta essere tutt'oggi molto attivo seppur clandestinamente, con una presenza particolare nella periferia londinese e in alcune università, anche celebri, dove vi sono numerosi gruppi di giovani fondamentalisti islamici.

J

Jahiliyya: Con tale termine nell'Islam si indica il periodo precedente la missione profetica di Maometto nel VII secolo d.C..

Secondo i musulmani si tratta quindi di un periodo di ignoranza della verità salvifica portata dal Profeta sulla Terra.

In disuso fino a pochi anni addietro, oggi il termine ha conosciuto nuova fortuna, grazie alla diffusione tra i gruppi fondamentalisti che lo usano per indicare quegli ambienti non musulmani (che ovviamente differiscono dalla loro visione valoriale), ma anche musulmani che però agiscono in modo difforme, da quel che i fondamentalisti reputano essere il più puro e autentico messaggio islamico.

Jemaah Islaimyah: Il nome, frequentemente abbreviato con JI, significa letteralmente Congregazione Islamica e identifica un'organizzazione terroristica particolarmente attiva nel sud-est asiatico principalmente in Brunei, Filippine, Indonesia, Thailandia, Singapore e Malesia, è mira all'instaurazione della Daulah Islamiyah in tali Paesi.

Il 25 ottobre 2002, all'indomani dei tremendi

attentati compiuti da tale organizzazione a Bali, il Consiglio di Sicurezza dell'Onu[47], con la risoluzione 1267 ha ufficialmente definito JI un'organizzazione direttamente collegata al network di Al Qaeda ed ai talebani.

Successivamente anche Stati Uniti, Canada, Regno Unito, Emirati Arabi Uniti, Russia e Kazakistan hanno iscritto tale gruppo terroristico nell'elenco delle organizzazioni collegate al network di Osama bin Laden.

Attivo sulla scena asiatica fin dai primissimi anni sessanta, ha in Abu Bakar Bashir[48] il suo leader supremo ed indiscusso, mentore e principale stratega a capo dell'organizzazione.

Tale gruppo, da sempre noto per i suoi attacchi mirati contro istituzioni sociali occidentali o

---

47 E' l'organo delle Nazioni Unite di competenza non esclusiva nel deliberare su atti di aggressione o di minaccia alla pace e alla sicurezza internazionale. Composto da cinque membri permanenti (Stati Uniti, Cina, Russia, Francia e Regno Unito, ovvero le nazioni uscite vincitrici dalla Seconda Guerra Mondiale) e tre membri non permanenti scelti a rotazioni tra i vari componenti dell'assemblea generale.

48 E' un leader islamico indonesiano, fondatore e principale referente del gruppo integralista Jamaah Ansharut Tauhid. Report delle Nazioni Unite hanno più volte segnalato la sua vicinanza e cooperazione con il gruppo Al Qaeda e, dal 2014, ha dichiarato il suo totale sostegno allo Stato Islamico.

collegabili in qualche modo a multinazionali o governi occidentali, negli ultimi anni si è elevato a unica cellula referente dell'ISIS e del terrorismo islamico in generale in una zona del mondo determinante per le dinamiche geopolitiche del futuro, ovvero l'Asia.

A differenza di gruppi come Boko Haram, Al Shabaab o lo stesso ISIS, non ha a disposizione immensi capitali, anche grazie alle dure politiche di repressione attuate nel corso degli anni Ottanta e Novanta dai governi di Filippine e Singapore, e dal regime indonesiano di Suharto, da sempre molto attivi nella lotta al terrore.

Jemaah Islamiyah oggi conta migliaia di affiliati, specialmente in enclave islamiche come l'Indonesia e il Brunei ma, complici anche una povertà ed un malessere sociale diffuso in altri Paesi confinanti, ha espanso a macchia d'olio il proprio network negli ultimi cinque anni.

I principali attentati portati a compimento da JI sono, oltre a quello dell'ottobre 2002 di Bali[49], anche l'attentato contro l'ambasciata australiana di Jakarta del 2004[50] e la strage compiuta presso il

---

49 Verificato nella zona turistica di Kuta, si attuò con l'espolosione di tre bombe in maniera quasi simultanea all'interno del celebre paddy's Pub. Le vittime finali sono duecentodue e I feriti cinquencento.

50 Ci riferiamo all'attentato che ha colpito l'ambasciata australiana sita nel pieno centro della capita indonesiana. Con nove morti e trenta feriti, è uno degli attentati più gravi mai avvenuti contro una sede diplomatica

JW Marriott e Ritz-Carlton sempre a Jakarta nel 2009[51].

Fondamentale per le mire espansionistiche dell'ISIS nel Sud-Est asiatico, sempre in un'ottica di instaurazione del califfato che va dal Maghreb fino all'estremo Oriente, JI riesce a fornire supporto logistico a cellule dormienti, terroristi in regime di latitanza e nuove leve pronte a partire per la Siria e l'Iraq.

Rappresenta ad oggi un gruppo sicuramente marginale all'interno dell'immenso network del terrore su scala mondiale, ma un caso da tenere comunque sotto la lente d'ingrandimento, in quanto è riuscito a far breccia anche all'interno di società storicamente considerate ultra-cristiane, come ad esempio quella filippina.

Proprio nel Paese asiatico negli ultimi anni si è verificata una preoccupante conversione all'Islam più radicale, grazie alle dilaganti politiche di proselitismo attuate da JI, soprattutto nella parte più a nord del Paese, la più povera e spesso dimenticata dalle politiche del governo di Manila.

---

occidentale.

51 Gli attentati di Jakarta in Indonesia del 2009, hanno preso di mira due simboli del capitalismo occidentale, ovvero due tra le più note catene alberghiere del mondo. Sono da considerare come snodo cruciale del processo di radicalizzazione non contrastata che sta tutt'ora avvenendo nel paese del Sud Est asiatico. Le vittime totali sono quasi venti e oltre cento persone sono rimaste gravemente ferite.

Jihad: Il termine, o altre parole della stessa radice, compaiono in abbondanza nel Corano, per designare lo sforzo personale per la propria fede, la difesa della stessa e anche l'attacco contro i nemici, gli idolatri o i cosiddetti infedeli.

La tradizione più tarda e tutta la letteratura islamica successiva, contengono questa pluralità di significati, anche se una parte predominante intende la jihad come <<sforzo sulla via di Dio>>, ovvero il combattimento contro il nemico, o <<la guerra ai miscredenti>>.

Al prevalere, dopo l'XI secolo, delle sensibilità mistiche del sufismo, si affermò nella pratica la visione irenica, anche se non sono mai mancati ritorni storici e sommovimenti nel mondo islamico, che si sono richiamati alla jihad combattente.

Il tema della jihad è particolarmente dibattuto dal XIX secolo nella polemica interreligiosa, tra chi attacca l'Islam imputando a questo concetto il carattere violento e chi, tra i fedeli musulmani, ne difende il primo significato generico, ovvero di sforzo volto a migliorare la propria fede personale.

Sullo sfondo di questo dibattito si collocano i jihadisti, che ne abbracciano i richiami più espliciti al combattimento e alla guerra santa.

Jihadi John: Mohammed Emwazi (Jahrah 17 agosto 1988 . Siria 2016) è stato un criminale e terrorista britannico, membro e boia ufficiale del gruppo terroristico dello Stato Islamico.

Jihadi John si ritiene che sia lo pseudonimo di Mohammed Emwazi, nato in Kuwait e cresciuto in una famiglia borghese di West London, laureato in informatica alla University of Westminster: il quotidiano statunitense "The Washington Post" pubblicò un articolo il 26 febbraio 2015 rivelando la vera identità del terrorista.

Su di lui pende una taglia di circa 10 milioni di dollari, una delle più elevate al mondo, approvata all'unanimità dal Senato degli Stati Uniti d'America il 20 settembre 2014.

Prima di diventare il boia dello Stato Islamico, Mohammed Emwazi faceva parte della nota cellula inglese di Osama bin Laden soprannominata "London Boys[52]".

L'origine del soprannome Jihadi John, si deve a un gruppo di suoi ostaggi che lo ritenevano parte dell'organizzazione terrorista folkloristicamente e tristemente conosciuta come The Beatles[53], per via del marcatissimo accento inglese dei suoi membri.

---

52 Tale nome, preso in prestito da un noto gruppo musicale britannico, sta ad indicare quei giovani londinesi di fede islamica che hanno abbracciato il fondamentalismo e la causa jihadista, muovendo i primi passi proprio nelle moscheee di Londra. Si stima che, ad oggi, quasi mille ragazzi nati e cresciuti a Londra da famiglie musulmane, abbiano sposato la jihad divenendo Foreign Fighters presso lo Stato Islamico.

53 Dal nome del famosa band composta da John Lennon, Paul McCartney, George Harrison e Ringo Starr, nato a Liverpool negli anni cinquanta. E considerato il più famoso gruppo musicale della storia.

È l'autore di alcune delle più brutali esecuzioni riprese in video e poi trasmesse dai media occidentali in mondo visione, in cui oltre alla barbarie dell'uccisione, si rinviene un ulteriore elemento di sadismo, ovvero la tortura psicologica inflitta alle proprie vittime nei minuti di ripresa.

Tra le sue innumerevoli vittime si ricordano James Foley, il giornalista americano Steven Sotloff, il tassista Alan Henning, l'americano Peter Kassig, i giapponesi Haruna Yukawa e Kenji Goto.

Nonostante la sua presunta morte e le successive dichiarazioni rilasciate dallo Stato Islamico, Jihadi John è a tutt'oggi considerato da molti esperti come latitante, presumibilmente in Iraq o Siria. La notizia della sua presunta morte, secondo alcuni esperti è da considerare all'interno della strategia attuata dal Daesh, volta a confondere e disorientare il lavoro, con le conseguenti priorità, delle agenzie di intelligence occidentali.

Pertanto nulla porta ad escludere che possa ritornare in Europa mediante falsa identità, con l'ausilio della rete di relazioni che il terrorista in questione, può vantare di aver costruito negli anni londinesi.

Jihadismo: Il termine è utilizzato per definire, all'interno dell'Islam radicale o fondamentalista, le componenti che impugnano le armi e sono dedite ad attività combattente diretta o terroristica.

Nell'età contemporanea tale componente nasce storicamente da una netta cesura, tra fine anni

Sessanta e inizio anni Settanta, nella Fratellanza Musulmana e sulle orme degli scritti del grande ideologo jihadista Sayyid Qutb[54].

L'omicidio del presidente egiziano Sadat nel 1981 va considerato come la prima di queste azioni dirette, che si sono poi diffuse in gran parte del mondo islamico e hanno caratterizzato molte altre realtà.

Dalla crisi algerina degli anni Novanta, alla resistenza in Afghanistan e, in misura minore, in molti altri Paesi, fino all'avvento di Al Qaeda e alla sua azione unificante (ma soprattutto di coordinamento anti-occidentale negli anni intorno alla data dell'attentato alle Torri Gemelle dell'11 Settembre 2001).

I più recenti sviluppi, mostrano una nuova e ulteriore frammentazione, con un conseguente aumento di questa conflittualità (ad esempio in Africa con Al Shabaab e Boko Haram) con radicamenti regionali in costante e preoccupante aumento.

Jizya: E' un termine arabo che indica un'imposta di capitazione, o anche detta di "compensazione", che dal periodo islamico classico fino al XIX secolo ogni suddito non-musulmano non facente parte della *umma* islamica (detto *dhimmi*, cioè membro della *ahl al-dhimma*, "gente protetta") pagava alle autorità islamiche.

---

54 E' stato un politico e idelogo egiziano, tra I più ferventi sostenitori della jihad mondiale del XX secolo.

L'imposta gravava su cristiani, ebrei, zorastriani, isabei e induisti, ovvero tutti coloro che professavano religioni monoteistiche rivelate e praticate prima dell'avvento dell'islam.

Il dhimma (patto di protezione) garantiva una condizione particolare di protezione (dalle aggressioni esterne, libertà personale e libertà di culto per i dhimmi, i non musulmani monoteisti), e li esentava dal servizio militare e dal pagamento della zakat.

K

Kafir: Miscredente o infedele, o comunque tutto ciò che è opposto alla fede in un unico Dio.

Il Corano considera la miscredenza e il paganesimo il male peggiore e il nemico combattuto da Maometto con la sua predicazione. Menziona il termine e parole della stessa radice centinaia di volte, facendone quindi un motivo sempre presente, che torna con varie sfumature di significati e definizioni.

Il *kafir*, in quanto nemico dell'Islam e in assenza di pentimento, non ha diritti e contro di lui si può proclamare la jihad.

Attualmente, alcune componenti più radicali del mondo islamico, ma anche alcune tra le più considerevoli guide spirituali dell'Islam odierno, considerano la massima espressione di infedele nel cittadino occidentale, o nella persona di fede

Cristiana o Giudaica.

Kharaj: E' un'imposta che gli arabi musulmani hanno applicato ed imposto storicamente, in tutti i Paesi da loro conquistati, alle terre appartenenti alle popolazioni sottomesse al loro governo.

Termine dal significato ambiguo e spesso fuorviante, nel corso della storia ha rapprasentato diversi e svariati tipi di imposta.

Dapprima inteso genericamente come "imposta", senza alcun distinguo, come nell'uso quotidiano ottomano (*harac*); successivamente in maniera assai più tecnica, come "tassa che grava sui possedimenti fondiari", almeno inizialmente posseduti dal *dhimmi*.

Infine per gli Sciaefiti, ma non per gli Hanafiti, è il tributo dovuto alle autorità musulmane dai non musulmani residenti nella *dar al-Suh*, sorta di situazione territoriale intermedia tra *dar al-Islam* e *dar al-Arab* non prevista nella teoria hanafita; oggi, infine, in senso assai generale, indica le entrate totali del *fay*, le ricchezze del Tesoro pubblico ottenute a seguito della conquista e saccheggio di un dato territorio.

Kebab: E' un piatto, a base di carne, tipico della cucina turca, divenuto popolare in tutto il mondo grazie alle immigrazioni provenienti dal Medio Oriente.

Consumato in milioni di porzioni ogni giorno in tutto il mondo, il kebab rappresenta oggi anche una delle metodologie più usate dal network internazionale del terrorismo islamico, per effettuare ampie forme di racket[55] e controllo sulle comunità arabe presenti in territorio occidentale.

Kharijiti: La parola indica coloro che <<escono/abbandonano>> (dalla radice araba *kharaja,* uscire) ed è storicamente usata per designare una delle prime sette dell'Islam.

Sostennero e poi rigettarono l'autorità di Ali, genero del Profeta, in nome di un rigorismo che venne isolato e respinto dalla maggioranza che poi diede forma finale al sunnismo.

I tratti che li contraddistinsero, secondo però l'eresiografia a loro avversa, furono un rigorismo puritano e soprattutto la consuetudine di utilizzare il *takfir* contro i musulmani che si macchiavano di qualche peccato.

A tal fine mantennero posizioni intransigenti, rispetto al sunnismo, che li spinsero anche ad atti terroristici e azioni che furono particolarmente

---

55 Secondo una recente analisi condotta dai servizi segreti spagnoli, decine di migliaia di negozi di kebab e shawarma sparsi in tutta Europa, e gestiti prevalentemente da persone di etnia turca o pakistana, sovvenzionano con I loro proventi la jihad globale. Secondo gli analisti l'intera filiera del kebab, dalla lavorazione delle carni dino alla vendita al minuto, è spesso finalizzata alla raccolta di denaro da versare alla causa jihadista. Tale studio è supportato dai recenti arresti avvenuti in Spagna, Italia e Germania, dove gestori di vere e proprie catene di negozi kebab, erano dediti a tale attività di finanziamento.

frequenti per tutto il primo secolo dell'Islam.

L'evoluzione successiva li ha spinti su posizioni diverse e molto spesso più tolleranti. In forza di questa realtà storica, i gruppi jihadisti contemporanei vengono spesso, e non del tutto impropriamente, definiti neo-kharijiti.

Khimar: Normalmente viene identificato in un mantello che copre dalla testa in giù: alcuni modelli arrivano fino a sotto i fianchi, altri fino alle caviglie, in ogni caso lascia scoperti gli occhi e il volto.

Si trova indossato per lo più in Medio Oriente, con particolare diffusione in Yemen, Sudan e Sud Sudan, in diverse varianti di colori.

Kobane: E' un'importante città nel nord della Siria, nell'attuale Kurdistan siriano, situata nei pressi della frontiera con la Turchia. Secondo il censimento del 2007 ha una popolazione di 54.681 abitanti ed è abitata da curdi, arabi, turcomanni e armeni in base a una stima del 2013.

Il nome della città deriva da quello di una società tedesca che, nel secondo decennio del XX secolo, costruì sul sito una delle stazioni dell'ambiziosa ferrovia Berlino-Baghdad.

Rifugiati armeni cristiani, scampati ai massacri dei Giovani Turchi Ottomani in Anatolia, fondarono un villaggio nelle vicinanze della stazione già nel 1915 e qui furono subito raggiunti da curdi musulmani che vivevano nelle aree circostanti.

Dalla metà del XX secolo vi erano tre chiese armene in città, ma la maggior parte della popolazione armena emigrò poi in Unione Sovietica negli anni Sessanta.

La struttura urbanistica di Kobane è stata in gran parte pianificata e realizzata dalle autorità francesi, nel corso del Mandato francese della Siria e del Libano, e un buon numero di edifici di quel periodo è ancor oggi in uso.

Come conseguenza della guerra civile siriana, la cittadina è passata sotto il controllo del movimento indipendentista curdo Yekîneyên Parastina *Gel* il 19 luglio 2012, visto che per tale organizzazione questa regione ha un forte valore simbolico, oltre a un'accentuata rilevanza strategica e culturale (tanto che il leader separatista curdo Abdullah Ocalan[56] vi si era recato il 2 luglio 1979, poco dopo la fondazione del PKK[57]).

L'assedio avviato dallo Stato Islamico dell'Iraq e

---

56 Abdullah Ocalan è un leader politico, guerrigliero e rivoluzionario curdo, leader del PKK, condannato nel 1999 all'ergastolo per la sua attività, considerata di terrorismo, dalla Turchia, gli Stati Uniti e l'Unione Europea.

57 E' un partito politico ed organizzazione paramilitare, sostenuto da masse popolari del sud-est della Turchia, zona popolata dall'etnia curda, ma attivo anche nel Kurdistan iracheno.Inizialmente vicino all'ideologia marxista-leninista, è stato successivamente condierato da molti come un gruppo terroristico per la sua attività di lotta, ed è tutt'ora considerata un'organizzazione di stampo terroristico da Turchia, Stati Uniti, NATO, Iran e Unione Europea.

del Levante, il 16 settembre 2014, è stato una fallita operazione militare per conquistare la cittadina siriana (che gli arabi chiamano Ayn al-Arab, non utilizzando quindi il nome Kobanê che è di origine curda).

Al 2 ottobre l'ISIS controllava 354 villaggi e città curde del distretto: ciò ha creato un'ondata di oltre 300.000 curdi sfollati, molti dei quali si sono dati alla fuga oltre confine, soprattutto in Turchia e Iraq.

Già da metà ottobre 2014 il governo turco ha approvato il passaggio di uomini e rifornimenti ai curdi-siriani sotto assedio. A fine ottobre si stimava che l'ISIS controllasse circa il 40-60% della città.

Il caso Kobane mette in evidenza un particolare fenomeno, un dato degno di particolare attenzione, all'interno non solo della battaglia della medesima città, ma in tutto il quadro di lotta allo Stato Islamico, ed è il fenomeno dei *foreign fighters* anti-ISIS.

Le stime sono incerte e i numeri restano esigui, se non del tutto relativi, specie se paragonati alle flotte di giovani occidentali che si sono arruolati nelle milizie del Califfato Islamico (attualmente oltre 20.000 persone, da circa novanta Paesi, secondo il Dipartimento di Stato americano), ma in questi casi, verrebbe da dire, ciò che conta è il gesto, il simbolo che deriva dall'aderire a questa eroica frangia che combatte il terrore.

Americani, italiani, inglesi e qualche tedesco. Queste sono le nazionalità certe di coloro che hanno deciso di vivere in zone di guerra, sfidando la morte, per lottare al fianco dei curdi e dei malandati eserciti regolari che si propongono di arginare il Califfato.

Anche qui si parla molto spesso di seconde

generazioni, ma in questo caso sono persone che proprio dopo aver vissuto la democrazia decidono di partire per difenderla.

Come per i *foreign fighters* che si arruolano nell'ISIS, anche per loro vale la stessa logica di reclutamento: entrano in contatto con la resistenza curda o irachena attraverso un social network, molto spesso Facebook, si organizza il viaggio fino al Kurdistan iracheno, e a quel punto non resta che aspettare le unità delle YPG per essere trasferiti oltre confine, verso la base siriana di Derek City[58] dove è stata installata una sorta di accademia per militanti occidentali.

Solo dopo questi passaggi si riuscirà finalmente ad arrivare al fronte, in prima linea a combattere i tagliagole.

I motivi alla base dell'arruolamento di un *foreign fighters* occidentale nelle file anti-ISIS, corrispondono all'esatto contrario di quelli che spingono molti più ragazzi ad aderire al Califfato: appartenenza fiera ai Paesi occidentali, visione del mondo occidentalizzata, amore e rispetto nei confronti della democrazia, dell'uguaglianza e della libertà.

Kurdistan: E' un vasto altopiano situato nel Medio Oriente e più precisamente nella parte settentrionale e nord-orientale della Mesopotamia.

---

58 Base militare destinata all'addestramento delle truppe curde e filo occidentali, che oggi combattono lo Stato Islamico lungo il confine turco.

Il Kurdistan è una nazione ma non uno Stato indipendente; il termine Kurdistan indicava la regione geografica abitata in prevalenza da curdi, ma ha poi acquistato anche una connotazione politica.

Politicamente è diviso fra gli attuali stati di Turchia (sud-est), Iran (nord-ovest), Iraq (nord) e, in minor misura, Siria (nord-est) ed Armenia (sud), anche se spesso quest'ultima zona è considerata facente parte del Kurdistan solo dai più ferrei nazionalisti.

Al 2012 solo il Kurdistan iracheno ha una certa autonomia politica, come regione federale dell'Iraq, in seguito alla fine del regime di Saddam Hussein nel 2003. Il Kurdistan siriano, attualmente inserito all'interno della guerra civile siriana, ha acquisito autonomia politica di fatto contestualmente l'inizio di questo conflitto.

Al centro di alcune delle più importanti dinamiche economiche e militari degli ultimi anni, grazie agli innumerevoli giacimenti di petrolio presenti sul proprio territorio e a vari gruppi paramilitari inseriti in guerre locali, il Kurdistan rappresenta oggi uno dei punti geostrategici più importanti dello scacchiere internazionale.

L

Levante: E' un termine che si riferisce, approssimativamente, ad un'ampia area del sud-ovest asiatico a sud delle Montagne del Tauro delimitata ad ovest dal Mar Mediterraneo, a sud dal deserto Rub al Khali e ad est dalla Mesopotamia.

Il Levante non include l'Anatolia (anche se a volte vi si include la Cilicia), le montagne del Caucaso e la Penisola Arabica.

A volte la penisola del Sinai viene inclusa nel Levante, tuttavia essa viene per lo più considerata un'area intermedia che costituisce un ponte di terra tra il Levante vero e proprio e l'Egitto.

M

Madhhab: E' il termine impiegato per indicare le scuole giuridico-religiose islamiche che si impegnano ad unire tutte le prove autentiche (come detti e fatti del profeta Muhammad, o detti o fatti dei suoi compagni) per stabilire se una cosa è lecita o meno, oppure se è obbligatoria o arbitraria se ci sono divergenze riguardo a questo.

Il loro ruolo rimane sempre connesso alla *sharia* e al *fiqh*.

Maghreb: Si intende l'area più a ovest del Nord Africa che si affaccia sul Mar Mediterraneo e sull'Oceano Atlantico; originariamente riguardava la fascia di terra tra la catena montuosa dell'Atlante e il mar Mediterraneo (nord della Tunisia, l'Algeria e Marocco); in certe fonti è inclusa anche la Spagna prima della Reconquista[59].

La regione, detta anche Africa mediterranea, venne conquistata dai musulmani nel VII secolo. Comprende gli Stati di Sahara Occidentale, Marocco, Algeria e Tunisia ed è oggi la parte di maggior sviluppo economico del continente africano, insieme con la Repubblica del Sud Africa e l'Egitto. Da notare che in arabo l'espressione al-Maghrib è il nome proprio dello Stato che in italiano si chiama Marocco.

La religione prevalente è quella islamica, e la popolazione è formata per lo più da arabi e berberi[60].

Le lingue parlate sono soprattutto l'arabo dialettale e il berbero, ma anche le lingue europee (in particolare il francese) sono molto usate soprattutto nelle città e negli ambiti dell'istruzione superiore e del commercio.

Vi è un benessere economico e sociale maggiore rispetto all'Africa subsahariana, ma la crescita incontrollata della popolazione ha portato a una

---

59 Fu il periodo di 750 anni in cui avvenne la riconquista dei Regni moreschi musulmani della Penisola Iberica da parte dei sovrani cristiani, che culminò il 2 gennaio 1492 con l'espulsione dell'ultimo dei governanti musulmani da quella che oggi consideriamo la Spagna.

60 Etimologicamente "uomini liberi", sono delle popolazioni autoctone di quei territori nord-africani conosciuti oggi come alto Maghreb. Attualmente si stimano nel mondo oltre trentasei milioni di persone di origine berbera.

sovrappopolazione e a una conseguente massiccia emigrazione, per lo più clandestina, verso i principali paesi europei con conseguenze sociali, economiche e umanitarie drammatiche.

Ad oggi è considerata una delle aree del pianeta a più alto rischio terrorismo, complice anche una gestione scellerata degli eventi successivi alla Primavera Araba.

Si registra una generale avanzata di gruppi jihadisti in tutti i principali Paesi della regione, oltre che un incremento vertiginoso di musulmani che aderiscono e sostengono i precetti più radicali dell'islam, come la jihad permanente e la persecuzione dei miscredenti.

Mahdi: Letteralmente significa <<il guidato (da Dio)>>, è il nome dell'ideale restauratore del vero islam prima della fine dei tempi.

Per i sunniti è un discendente di Maometto, mentre per gli sciiti è già nato ma sta nascosto per ricomparire alla fine dei tempi.

A varie riprese, nel corso della storia islamica, diverse figure si sono autoproclamate Mahdi e hanno riproposto un'urgenza escatologica in svariate realtà del mondo musulmano, soprattutto quelle sunnita.

Ciò è accaduto in particolar modo durante il primo secolo dell'Islam, davanti all'opposizione al Califfato omayyade da parte di fazioni sciite, oppure dal XV secolo in poi.

La figura più famosa che assunse il nome di Mahdi fu il sudanese Muhammad Ahmad, che venne sconfitto e poi giustiziato dagli inglesi a Khartoum nel 1885.

In diverse intercettazioni telefoniche, spesso viene citato il Mahdi dai terroristi, come se fosse un'entità presente fisicamente, almeno secondo loro, all'interno del medesimo gruppo.

Maometto: Il Profeta fondatore dell'islam nacque alla Mecca verso il 570 d.C. in un clan e una tribù mercantile, i Quraysh[61].

Ricevette le prime rivelazioni nel 610 e iniziò da quella data a comunicarle a chi aveva vicino e ad attrarre le prime conversioni.

Costretto dalle minacce della sua tribù a lasciare la città natale nel 622 (la cosiddetta "egira"), trovò rifugio con le poche decine di suoi seguaci a Medina che, fino alla sua morte avvenuta nel 632, nel volgere di pochi anni divenne capitale di un regno arabo musulmano esteso su tutta la penisola.

La duplice carriera di Maometto, profeta cacciato alla Mecca e patriarca e leader politico vincente ed osannato in quel di Medina, e le rivelazioni ricevute in queste situazioni, determinano la particolarissima natura dell'islam nei contenuti non soltanto religiosi,

---

61 Considerata come una delle più antiche, nobili e al contempo perseguitate tribù arabe della storia, si insediarono presso la Mecca nel VII secolo d.C., dopo secoli di nomadismo. La loro notorietà deriva da una fervente solidarietàche intercorreva tra I membri del clan, ed un'altrettantosorprendente aggressività per chiunque osasse sfidarne il predominio commerciale.

ma anche secolari, sociali, politici ed economici.

Il Corano definisce Maometto un uomo come tutti gli altri, ma egli divenne ben presto oggetto di venerazione tramite tradizioni e leggende pie di ogni tipo, che ne sanciscono il ruolo unico per i musulmani.

Molto controversa la sua storia personale, su cui si continua a dibattere tutt'oggi, secondo molti autorevoli studiosi e teologi di varie confessioni, contrassegnata da atti di violenza e persecuzioni di vario tipo nei confronti di minoranze e oppositori, e dettami che oggi contravvengono alcuni dei più importanti sistemi giuridici del mondo.

Mecca: E' una città dell'attuale Arabia Saudita occidentale, situata nella regione dell'Hegiaz Capoluogo della provincia omonima, è per antonomasia la *città santa* (prima ancora di Medina e Gerusalemme) per i musulmani.

È la città in cui, per la tradizione musulmana, è nato Maometto, ricordato come profeta e rifondatore dell'Islam. Nonostante Maometto venne cacciato dalla città e costretto ad emigrare a Medina, la Mecca in quanto sua città natale è indiscutibilmente identificata come la prima città santa dell'Islam.

Vi è ubicata la più grande moschea del mondo, il Masjid al Haram[62].

---

62 La moschea della Mecca, uno degli edifici religiosi più grandi al mondo. Includendo gli spazi di preghiera esterni, l'attuale struttura comprendere un'area totale di 356.800m2

Medina: Letteralmente "La Città del Profeta", è la seconda città santa dei fedeli islamici, capoluogo dell'attuale regione saudita del Hijaz, nella Penisola araba.

Nel corso dei secoli, ovviamente prima dell'avvento del Regno dei al-Saud, la città rappresentava un importante centro metropolitano che si contraddistingueva in Medio Oriente, per la sua eterogeneità etnica e religiosa.

Con l'insediamento nella città del Profeta Maometto fu realizzata, a partire dal 16 luglio 622, l'inizio della cosiddetta *egira*.

Ad oggi Medina, al pari della Mecca, vieta l'ingresso ai cittadini di fede non musulmana.

MeNa: Il termine MENA (Middle East and North Africa) è un acronimo di Medio Oriente e Nord Africa", spesso usato da accademici, pianificatori militari, economisti e giornalisti.

Il termine si riferisce ad un'ampia regione, estesa dal Marocco all'Iran, che include la maggior parte sia degli Stati mediorientali che del Maghreb. Il termine è sinonimo di Grande Medio Oriente (quest'ultimo, però, può comprendere a volte Pakistan e/o Afghanistan).

La popolazione della regione MENA, secondo la sua estensione minima, è di circa 381 milioni di

---

e arriva ad ospitare complessivamente fino a 820.000 fedeli durante il Hajj (il pellegrinaggio maggiore che devono compiere i fedeli islamici almeno una volta nella vita).

persone, circa il 6% della popolazione totale mondiale. Per la sua estensione massima, la popolazione è di circa 523 milioni.

Mend: Sta ad indicare l'acronimo con cui si identifica il movimento per l'Emancipazione del Delta del Niger[63]. E' un movimento militante composto da nativi della zona, nel nord della Nigeria.

Il Mend dichiara di essere impegnato in una lotta armata contro la degradazione e lo sfruttamento dell'ambiente naturale, da parte di corporazioni e multinazionali straniere coinvolte nell'estrazione del petrolio dal sottosuolo della regione. Nella realtà, ad oggi il Mend rappresenta una falange importante, in affari in molti settori con il gruppo terroristico nigeriano Boko Haram.

L'organizzazione, nata nel contesto del conflitto del Delta del Niger, è coinvolta in molti degli attacchi alle compagnie petrolifere e minerarie che operano in Nigeria.

Il 7 dicembre 2006 il Mend ha rivendicato il rapimento dei tre tecnici italiani e di un libanese (tutti successivamente liberati ed incolumi), avvenuto durante un attacco ad una stazione estrattiva gestita dall'Agip[64] nello stato di Bayelsa[65].

---

63 E' una regione geografica altamente popolata, conosciuta nel mondo per la sua ricchissima produzione di olio di palma, ma soprattuto per I giacimenti di petrolio che la rendono una delle zone più instabili dell'Ovest Africa.

64 Acronimo di Azienda Generale Italiana Petroli, è stata una

Attualmente viene considerato come uno dei gruppi terroristici più attivi e pericolosi dell'Ovest Africa.

Come già detto, da circa dieci anni ha creato una partnership solida e lucrosa con il gruppo fondamentalista Boko Haram, che ha portato ad una vera e propria spartizione di una parte dello Stato nigeriano tra le due fazioni, con relativi introiti derivanti dall'estrazione di petrolio, minerali, metalli preziosi e gas.

Inoltre tale partnership, ha portato alla creazione di uno dei cartelli della droga più importanti e ricchi del mondo, gestendo un traffico di sostanze stupefacenti che ha nella Nigeria il suo centro economico e di smistamento, con un relativo network che si estende in tutti e cinque i continenti.

Minareto: E' la torre presente in quasi tutte le moschee del mondo, dalla quale il muezzin effettua il richiamo alla preghiera per i fedeli musulmani.

Tale richiamo viene effettuato cinque volte ogni giorno, tante quante sono le preghiere che obbligatoriamente ogni fedele islamico deve

---

compagnia petrolifera statale italiana fondata nel 1926 a Roma. Dal 1953 opera sotto la proprietà del gruppo ENI (che l'ha definitivamente assorbita negli anni novanta del XX secolo), in attività prettamente esplorative e di estrazione.

65 E' uno dei trentasei stati della Nigeria, situato nella regione del Delta del Niger con capitale Yenagoa. E' lo Stato di più recente creazione di tutta la Federazione Nigeriana.

eseguire.

Più volte si è dibattuto sul significato intrinseco del minareto secondo la visione islamica. Molti studiosi sostengono che esso equivale al campanile cristiano che scandisce la giornata liturgica.

Molti altri sostengono, invece, che esso rappresenterebbe un significato di conquista o marcatura del territorio.

Del resto, come prevede la Legge Islamica, il minareto deve essere inteso, senza mezzi termini, come " il simbolo del potere assoluto e indiscutibile dell'Islam voluto dal fato".

In Svizzera, a seguito di una dilagante e incontrollata proliferazione di moschee ed annessi minareti, nel 2007 è stata varata una legge[66] costituzionale, approvata in ventidue cantoni su ventisei, che ne vieta la costruzione di ulteriori.

Molotov: La bomba molotov (più semplicemente denominata 'molotov')' è un ordigno di tipo incendiario, sovente impiegato in azioni di guerriglia urbana, il cui nome deriva dal suo utilizzatore più noto, il celebre rivoluzionario

---

66 Facciamo riferimento all'emendamento costituzionale federale, approvato in seguito alla consultazione referendariadel 29 novembre 2009, promossa dall'Unione Democratica di Centro e l'Unione Democratica Federale, in cui si proponeva la messa al bando della costruzione di nuovi minareti in Svizzera. Il referendum è stato approvato dal 57,5% degli aventi diritto al voto.

bolscevico Vjačeslav Michajlovič Molotov[67].

Dal punto di vista classificatorio si pone, rispetto alle armi bianche, in posizione, per così dire, border-line, perché se in realtà, da un lato, non esplode, tuttavia dall'altro si avvale di una forza che travalica quella meramente muscolare dell'uomo.

Ritengo altresì giusto di dover trattare qui, in questo testo, tale strumento in quanto rientra in quella definizione lata, di arma bianca (cioè che non è arma da sparo).

Sotto il profilo appena indicato, la 'bomba' molotov differisce dunque dalla bomba carta in quanto quest'ultima, per esplodere, impiega polvere pirica (a lenta combustione) o flash (a combustione veloce), rispettivamente ricavata da cartucce o da petardi (tra i 20 e i 300 grammi).

La bomba carta, detta così perché confezionata inizialmente con involucri di carta, è stata successivamente costruita anche con involucri più resistenti, come il pvc, che sfruttando il potere deflagrante della polvere da sparo innescata per espandere parti dell'involucro incendiato e della polvere non del tutto bruciata. È dotata di una miccia di innesco è può avere effetti lesivi e distruttivi.

Mentre, dunque, per la bomba carta, l'appellativo 'bomba' è più appropriato, altrettanto non può dirsi

---

67 E' stato un politico, diplomatico e rivoluzionario sovietico, fu tra I principali esponenti del movimento bolscevico che ha portato alla Rivoluzione d'Ottobre del 1917 in Russia, che poi divenne Unione Sovietica.

per la molotov in quanto non si ha un effetto deflagrante, ma meramente incendiario, limitandosi (si fa per dire) ad appiccare il fuoco all'obbiettivo; di ciò occorre tener presente a livello definitorio e di classificazione.

Per capire meglio, procediamo però con ordine: le bombe molotov (utilizzate per la prima volta nel 1936, dai franchisti contro i carri armati di fabbricazione sovietica T-26 in dotazione all'esercito repubblicano) sono realizzate con una bottiglia in vetro (sottile, ma capiente) riempita con liquido infiammabile (solitamente benzina, ma può anche essere trielina, alcool, gasolio, mentre non è adatto un 'semplice' liquore per il basso contenuto di alcol) e da un innesco.

L'innesco più semplice, è costituito da uno straccio avvolto attorno al collo della bottiglia o (fatto entrare all'interno della bottiglia stessa a contatto con il liquido) bagnato dello stesso liquido contenuto all'interno, giusto per accelerare l'accensione; al posto dello straccio può essere usata anche la carta (anch'essa imbevuta) ma si incendia più velocemente ed è quindi più rischioso per l'utilizzatore.

Un altro modo per creare un innesco è quello di attaccare con nastro adesivo all'esterno della bottiglia, uno o più fiammiferi antivento o una sigaretta accesa.

Una volta che la bottiglia è stata lanciata con l'innesco acceso, al contatto con una superficie dura, la bottiglia si rompe e il liquido che ne fuoriesce, si incendia grazie alla presenza dilagante del fuoco.

Per aumentarne la nocività dell'ordigno, può essere introdotto nella bottiglia del polistirolo, il quale, a contatto con la benzina, si scioglie generando così un surrogato del napalm che rende la molotov più pericolosa, facendo infatti aderire maggiormente la benzina incendiata alle superfici colpite (come accaduto in occasione degli atttentati all'aeroporto di Bruxelles). Dopo il fucile Kalashnikov è l'arma più utilizzata dai terroristi di tutto il mondo.

Moschea: Anticamente definita anche *meschita*, è il luogo di preghiera per eccellenza dei fedeli islamici.

La parola italiana deriva direttamente dalla spagnola *mezquita*, a sua volta originata dall'arabo *masjid*, che sta ad indicare il luogo in cui si compino le *sujud* (le prosternazioni classiche, che fanno parte dei movimenti obbligatori che deve compiere il fedele orante).

Dagli anni sessanta del ventesimo secolo, la maggior parte delle moschee edificate in Occidente, sono state fortemente volute e sovvenzionate dalla famiglia reale saudita Al Saud..

La strategia d'investimento, o volendo di insediamento, ha portato ad una spesa complessiva di quasi 50 miliardi di dollari statunitensi in tutto il mondo.

Tra le moschee più importanti edificate a seguito di questa vera e propria campagna marketing del governo saudita, vi sono in ordine di grandezza: la

Grande Moschea di Roma[68] (costuita negli anni ottanta per un costo di quasi cinquanta milioni di dollari, ritenuta tra le più opulenti al mondo), la moschea di Bruxelles (edificata nel 1967 come pegno da pagare, a seguito di un vantaggiosissimo accordo energetico stipulato tra il governo belga e lo Stato saudita) e la moschea dedicata a Re Fahd a Culver City in California (costo totale dieci milioni di dollari).

Mossul: E' una città dell'Iraq, capoluogo del Governatorato di Ninawa. Mossul è il nome che diedero gli arabi all'antica Ninive, la capitale assira citata anche nella Bibbia.

Il sito di Ninive si trova sulla sponda orientale del fiume Tigri, mentre Mossul è sorta sulla sponda occidentale. La città ha circa 1.500.000 abitanti.

Identificata nei primi periodi islamici come la capitale della regione del Diyār Rabī'a (lett. "gli insèdiamenti della tribù araba dei Banū Rabī'a"), Mossul è stata identificata da alcuni storici con l'antico centro urbano di Mèpsila.

Ma la cosa è tutt'altro che sicura, vista la diversa collocazione geografica rispetto a quella riportata dallo storico greco, mentre è maggiormente attendibile l'identificazione di Mossul con la

---

68 Considerata la più grande moschea d'Occidente, sorge su un'area a Nord di Roma, nei pressi dei monti Parioli. Sorge su un terreno di oltre 30.000 metri quadrati, può ospitare fino a 12.000 fedeli, con picchi di afflusso di oltre 40.000 presenze nei giorni delle principali festività

metropoli persiana Budh-Ardhashīr.

Il Cristianesimo penetrò a Mossul fin dal II secolo; la città divenne sede episcopale di fede nestoriana nel VI secolo.

Dopo secoli di totale assenza dalla cartina geopolitica, militare ed energetica mondiale, Mossul è tornata prepotentemente agli onori delle cronache negli ultimi anni.

Nel giugno del 2014 la città cade rovinosamente in mano ai jihadisti del sedicente Stato Islamico, che hanno provveduto nelle settimane successive ad epurare la città da tutti i cristiani (scesi dai 50.000 del 2003 ai 3.000 del 2014), costretti ad abbandonarla dopo aver perso e visto sequestrati tutti i propri beni, in quella che è stata a tutti gli effetti una pulizia etnica.

Tra le azioni di guerra dei miliziani jihadisti v'è stata la distruzione della moschea dedicata al Profeta Giona[69], costruita nel Secolo XIII, delle millenarie mura di Ninive, di numerosi manoscritti e documenti di fondamentale rilevanza storica della Biblioteca, una delle più antiche dell'Iraq, alcuni dei quali presenti in un elenco di testi rari recentemente stilato dall'Unesco[70], e di numerose statue e reperti

---

69 Tale mosche è stata distrutta in quanto considerata dalle milizie del califfato, non come meta di preghiera, ma bensì come meta di apostasia.

70 L'UNESCO è un'agenzia specializzata delle Nazioni Unite, creata con lo scopo di promuovere la pace e la comprensione tra le nazioni con l'istruzione, la scienza, la cultura, la comunicazione e l'informazione.

risalenti all'impero assiro conservati nel Museo della Città.

Tutt'oggi, grazie alla sua importanza storica e geostrategica, al suo potenziale economico generato da un comunque ricco sottosuolo, dai reperti archeologici (che la rendono, almeno moralmente, difficilmente attaccabile dalle forze occidentali), Mossul rappresenta un fortino da difendere a tutti i costi per i miliziani dell'Isis e un sicuro punto d'approdo per i foreign fighters occidentali.

Muezzin: Con tale termine indichiamo la persona incaricata di salmodiare cinque volte, ogni giorno tra giorno e notte, dal *minareto* il richiamo che serve a ricordare l'obbligo di effettuare la preghiera islamica del *salat*.

Muhajirah: La <<donna immigrata>> che raggiunge la comunità dei credenti. Il termine evoca la prima *hijra,* ovvero l'égira del Profeta Maometto che nel 622 si rifugiò a Medina per fuggire alle persecuzioni meccane.

Il termine *muhajirun* designa storicamente la prima comunità dei <<credenti che si trasferirono insieme al Profeta dalla Mecca a Medina>> e rappresenta quindi un titolo di grande prestigio, anche se spesso in contrapposizione con i convertiti medinesi, giunti alla fede dopo, ma che garantirono il successo dell'islam.

Il termine *hijra* è tornato prepotentemente nell'immaginario collettivo contemporaneo, ovviamente di stampo jihadista, per definire, presso

149

alcuni gruppi, l'obbligo per i veri credenti di <<emigrare> laddove vi sono musulmani che fanno rispettare la *sharia* e quindi di abbandonare terre ormai miscredenti.

Con muhajirah si designano anche le donne musulmane, che dichiarano di abbandonare terre di miscredenza (l'Occidente ovviamente è al primo posto di questa particolare classifica jihadista), per raggiungere i musulmani dello Stato Islamico.

Le donne che oggi migrano verso le terre occupate dallo Stato Islamico in Medio Oriente, si autodefiniscono come tali.

Mujaheddin: Il "combattente impegnato nella jihad" o anche, per estensione, "patriota".

I più noti e temuti tra i mujaheddin furono quelli appartenenti a diversi gruppi d'opposizione, non strettamente legati tra loro, che combatterono contro l'invasione sovietica[71] dell'Afghanistan tra il 1979 e il 1989, e che si combatterono l'un l'altro nella successiva guerra civile.

---

71 La guerra russo-afghana, fu un conflitto intercorso tra il 1979 e il 1989 in territorio afgano, tra le forze armate della Repubblica Democratica dell'Afghanistan, supportate da massicci contingenti aerei e terrestri dell'Unione Sovietica, e vari raggruppamenti di guerriglieri afghani collettivamente noti come mujaheddin, appoggiati materialmente e finanziariamente da molte nazioni estere. Il conflitto viene considerato come parte della Guerra Fredda, e talvolta come preambolo alla più ampia Guerra Civile Afghana.

Più recentemente, il termine viene usato dai guerriglieri che combattono l'occupazione statunitense in Iraq, combattenti che appartengono sia ai sunniti che agli sciiti.

Il termine è stato usato in particolare per descrivere i combattenti che hanno resistito all'assedio di Falluja[72] da parte dei Marines americani nell'aprile del 2004.

Successivamente alla fine dell'assedio, i mujaheddin pattugliarono e fecero rispettare la *sharia* in tutta la città ad eccezione del centro, dove la Brigata Falluja[73] ha la sua base.

Mujatweets: I mujatweet – lo dice già il nome dal suono cacofonico che mette insieme l'idea di combattenti islamici armati fino ai denti alle cinguettate da social network – sono piccoli video di qualche minuto: moderni, visivamente accattivanti, promozionali e carini da seguire.

Usano primi piani e audio d'ambiente, suoni e volti quasi rubati dalla camera che si muove veloce e sicura, per afferrare pochi istanti della vita quotidiana al tempo del califfato.

I testimonial dell'Isis sono spesso persone

---

72 La cosiddetta operazione "Vigilant Resolve), combattuta tra il 4 aprie e il 1 maggio 2004 tra truppe americane e insorti iracheni, nell'ambito della Guerra d'Iraq.

73 Guidata da ex generali dell'esercito iracheno di Saddam Hussein, combatte oggi in prima linea contro le milizie dello Stato Islamico.

comuni, che vanno al mercato, che fanno la spesa, dialogano delle grandezze dell'Isis nei mercati di Raqqa, assaggiano la frutta tra immensi banconi del mercato colmi di cibo. Ci sono bambini che giocano e corrono felici nei parchi, palloncini colorati che volteggiano nei cieli, e non manca neanche lo zucchero filato e il carretto con il signore che urla: "Gelati!".

L'estetica *selfie*[74] dei mujatweet parla il linguaggio del capitalismo dei nostri tempi, quello che si è reinventato nella crisi: il consumo è stuzzicato e invogliato, ma per essere veramente seducente ci dev'essere un paese dove regnano stabilità e sicurezza.

Non solo i tagli veloci delle inquadrature, sono la punteggiatura formale perfetta di questa sorta di video tweet, ma anche dal punto di vista dei contenuti i mujatweet ribadiscono messaggi, che non sembrano poi così tanto lontani dall'ideologia neoliberalista e capitalista che le milizie del Califfato professano di voler debellare.

Tra i tanti messaggi diffusi, vi è un chiaro richiamo ai benefit che spesso offrono i Paesi occidentali a coloro che vi migrano, e al contempo odiati proprio dal Daesh.

"Felicità e benessere economico. Stabilità e

---

74 Il termine, derivato dalla lingua inglese, sta as indicare un autoscatto realizzato attraverso una fotocamera digitale compatta, uno smartphone, tablet o webcam, puntati verso se stessi o verso uno specchio, poi successivamente condiviso su un social network.

consumo. Sicurezza e protezione. Siamo come voi.", dicono i mujatweet.

N

Niqab: E' un velo presente nella tradizione araba preislamica e in quella islamica, che copre l'intero corpo della donna, compreso il volto, lasciando scoperti solo gli occhi.

Di solito si compone di due parti, divise fra loro: la prima è formata da un fazzoletto di stoffa leggero e traspirante, che viene collocato al di sotto degli occhi a coprire naso e bocca, e legato al di sopra delle orecchie, mentre la seconda parte è formata da un pezzo di stoffa molto più ampio del primo, che nasconde i capelli e buona parte del busto, da legare dietro la nuca, e poi lasciato cadere morbido lungo le orecchie.

Esistono, tuttavia, altri tipi di "velo", che variano in modo più o meno consistente e sono utilizzati in diversi territori.

Nel Vicino Oriente, il *niqab* è spesso associato al Wahhabismo, corrente fondamentalista legata all'Arabia Saudita; esso è tuttavia presente anche in aree non toccate da questo movimento.

La maggioranza delle donne musulmane praticanti, tuttavia, in Egitto come in Africa Settentrionale indossa un hijab che copre soltanto i capelli.

Paradossalmente, oggi il Niqab risulta essere in

crescita di popolarità tra le donne islamiche che vivono in Occidente, quasi a segnalare un forte e costante risveglio wahhabita nelle terre spesso definite dei <<miscredenti>>.

O

Occidente: Inteso come civiltà o società occidentale, ha designato, a seconda dei periodi storici, un'area geografica e culturale comprendente grosso modo l'Europa e, in senso più esteso, tutti quei paesi europei ed extraeuropei che oggi presentano tratti culturali, economici o politici comuni, riconducibili al mondo e soprattutto ai principi filosofici del mondo greco, romano, cristiano e illuministico.

In innumerevoli conferenze, intercettazioni, dibattiti, ma soprattutto in sermoni carichi di odio tenuti da imam integralisti, l'Occidente viene oggi definito come <<il nemico assoluto>>, <<la terra dei miscredenti>> o più generalmente come <<il cancro del mondo>>.

OLP: Sigla dell'Organizzazione per la liberazione della Palestina (ar. *Munazzamat al-tahrir al-filastiniyya*).

Nata nel 1964 per iniziativa della Lega araba[75], a

---

75 La Lega Araba è un'organizzazione internazionale politica con sede a Il Cairo, e composta da Stati del Nord Africa,

sostegno della lotta per l'indipendenza palestinese dall'occupazione israeliana, ne fu primo segretario il filonasseriano Ahmad Shuqayri[76]; dopo la guerra arabo-israeliana del 1967[77], vi confluirono le principali formazioni della diaspora[78] palestinese e della guerriglia contro Israele.

Passata sotto la guida di Al Fatah e del suo *leader* Yasser Arafat nel 1969, l'OLP fu coinvolta, nel corso degli anni Settanta e Ottanta, in una serie di atti di guerriglia e di terrorismo internazionale e interarabo, mentre al suo interno avveniva una lotta di fazioni che sostenevano metodi più o meno radicali di lotta.

Espulsa dalla Giordania nel 1970 e dal Libano

---

del Corno d'Africa e del Medio Oriente, nata il 22 marzo 1945.

76 A. Shuqayri è stato un politico palestinese, primo Presidente dell'OLP, noto per le sue posizioni antisemite ed estremiste, invocanti alla distruzione dello Stato d'Israele

77 Definita come "Guerra dei Sei Giorni"; fu un conflitto combattuto tra lo Stato d'Israele da una parte e Siria, Giordania ed Egitto dall'altra, all'interno del più vasto quadro dei conflitti arabo-israeliani. Si risolse in una rapida e schiacciante vittoria israeliana dopo, appunto, sei giorni di combattimenti.

78 Con tale termine di origine greca, ci riferiamo a quel fenomeno migratorio di un intero popolo che abbandona la terra natale per disperdersi in diverse altre parti del mondo.

nel 1982, l'Organizzazione stabilì successivamente la sua sede a Tunisi, fino al 1991.

Nel 1988, dopo la prima intifada, Arafat proclamò lo Stato di Palestina, rinunziando agli obiettivi militari e, in parte, a quelli politici esposti nella Carta costitutiva dell'OLP, che fu per questo accolta nelle Nazioni Unite come sola rappresentante del popolo palestinese.

Nel 1993, gli Accordi di Oslo[79] istituivano una Autorità Nazionale Palestinese diretta, in modo troppe volte discutibile dall'OLP, stabilita in Cisgiordania e a Gaza.

L'attuazione solo parziale degli Accordi, le dichiarazioni spesso disattese dalle parti, le troppe promesse mai mantenute dinanzi l'intera comunità internazionale, il disimpegno da parte delle superpotenze che avevano monitorato e garantito l'intero processo di accordo, ma soprattutto l'irresistibile ascesa del gruppo terroristico *Hamas* e

---

79 Ufficialmente chiamati Dichiarazione dei Princìpi riguardanti progetti di auto-governo ad interim o Dichiarazione dei Principi (DOP), furono una serie di accordi politici conclusi a Oslo (Norvegia) il 20 agosto 1993. Furono l'apice di una lunga serie di incontri e trattive condotte tra il governo israeliano e l'OLP, come parte di un processo di pace che mirava a risolvere il conflitto arabo-israeliano. Tuttavia, nonostante le grandi speranze e aspettative suscitate dagli Accordi e dalle successive dichiarazioni in cui le varie parti si impegnavano in tale processo, le ostilità non sono mai state neanche minimamente sopite.

dei suoi gruppi satellite, hanno tuttavia fortemente eroso, se non completamente abbattuto, il peso politico dell'OLP.

Dalla morte di Yasser Arafat (2004), dopo un periodo di assestamento dovuto a lotte di potere intestine al movimento, è diretta dal leader Mahmud Abbas[80].

P

Palestina: Nome con il quale viene indicata la regione geografica del Vicino Oriente[81] compresa tra il Mar Mediterraneo, il fiume Giordano, il Mar Morto, a scendere fino al Mar Rosso e i confini con l'Egitto.

Attualmente il suo territorio è diviso tra lo Stato di Israele e lo Stato di Palestina, ma soltanto sulla carta.

Dal 1948 si susseguono violenze, tensioni, attentati ai danni di civili israeliani e lunghi periodi

---

80 M. Abbas è un politico palestinese, attuale Presidente dell'OLP, dell'ANP e dello Stato della Palestina, è stato più volte accusato di revisionismo e negazionismo in merito all'Olocausto e la Shoah.

81 Con tale espressione, perlopiù giornalistica, ci riferiamo a quella regione geografica (prevalentemente arabofona) che si estende dalla sponda orientale del Mar Mediterraneo, all'Iran e ala Penisola Arabica.

di guerra tra le due fazioni, con lo Stato d'Israele da una parte che rivendica il suo diritto ad esistere e l'Autorità Nazionale Palestinese dall'altra, che vede nello Stato d'Israele un invasore e nei suoi insediamenti una violazione del proprio territorio.

Ad oggi il territorio sul quale identifichiamo lo Stato palestinese è al centro di importanti dinamiche terroristiche, grazie alla presenza ormai trentennale del gruppo fondamentalista Hamas, fermo e forte punto di riferimento del network terroristico internazionale.

Pasdaran: Corpo paramilitare islamico nell'Iran dopo la Rivoluzione del 1979[82]. Il nome indica quelli che sono noti anche come i <<guardiani della rivoluzione>>.

Si tratta di fedeli al capo supremo e che rispondono quindi solo ed esclusivamente, giuridicamente e moralmente, all'autorità religiosa.

Sono oggi più di 100.000 e sono organizzati in vari corpi. Furono in particolare protgaonisti nella guerra con l'Iraq (1980-88).

Attività di guerra li hanno visti impegnati anche al di fuori dall'Iran, come in Libano o più di recente in Siria, ma è soprattutto nella sfera politica ed

---

82 Con Rivoluzione Iraniana, si intende tutta una serie di sconvolgimenti politici, religiosi e sociali, che hanno visto protagonista l'attuale Iran tra il 1978 e il 1979. Tale processo ha trasformato l'Iran dall'allora monarchia sostenuta dallo Scià di Persia, nell'attuale repubblica islamica che si ispira ai precetti della sharia.

economica iraniana che svolgono un ruolo importante o, come sostengono alcuni studiosi, eccessivo.

Peshmerga: In curdo il <<combattente>>, o letteralmente <<colui che si batte fino alla morte>>.
L'origine del termine risale solo alla metà del XX secolo, raccogliendo una lunga eredità di resistenza e lotta contro dominazioni che si sono succedute. Indica oggi l'esercito del Kurdistan iracheno e in forza di ciò, i peshmerga sono dotati di una struttura definita e divisa in brigate, che sono però alle dipendenze di diverse forze politiche e senza un comando centrale.

Petrolio: Spesso definito come "oro nero", rappresenta oggi uno dei fattori economici più importanti su scala internazionale.
La vendita del greggio è la fonte di guadagno più importante per la maggior parte dei gruppi terroristici internazionali, addirittura superiore al traffico delle sostanze stupefacenti. A far la parte del leone all'interno di questo mercato a dir poco redditizio per il network del terrore, è sicuramente l'autoproclamato Stato Islamico del califfo Abu Bakr al Baghdadi..
Dai giacimenti controllati (principalmente nella Siria orientale e nella zona periferica di Mosul nel nord-est dell'Iraq) l'ISIS riesce facilmente a ricavarne una produzione di circa 40.000 barili[83] di

---

83 Tale numero, per quanto possa sembrare esiguo rispetto a

petrolio al giorno, con un prezzo che può variare da un minimo di 25 dollari a un massimo di 45 dollari al barile[84] a seconda dell'andamento del mercato mondiale, del processo di lavorazione e della qualità

Naturalmente la produzione dei giacimenti è calata da quando sono caduti sotto il controllo dei combattenti del sedicente Stato Islamico, anche perché non hanno né i lavoratori qualificati né la tecnologia adeguata per la manutenzione degli impianti.

La vendita del greggio avviene direttamente a commercianti all'ingrosso indipendenti, che attendono in fila con le loro grandi cisterne, a volte anche per settimane fuori dai giacimenti.

Una volta caricate le cisterne i venditori hanno tre possibilità per smerciare il greggio: portare il petrolio alle raffinerie più vicine per poi iniziare subito un altro carico; vendere il petrolio a commercianti in possesso di veicoli più piccoli che rivenderanno il greggio ai ribelli nel nord o a est verso l'Iraq; rivendere il petrolio nei mercati locali (il più importante si trova ad Al Quaim vicino al

---

super potenze petrolifere come l'Arabia Saudita o gli Emirati Arabi Uniti (che sforano ampiamente il milione di barili prodotti ogni giorno), è a dir poco allarmante se paragonato alla produzione giornaliera di un altro big del settore, il Kuwait, che si aggira sui 300.000 barili al giorno

84 Dati riferiti al mese di Gennaio 2015. Nello stesso periodo il valore al barile Brent si collocava sui 50/55$ al barile.

confine con l'Iraq).

La maggior parte viene venduto nel primo modo con un ricavo di 10 $ al barile. Le raffinerie sono in mano alla popolazione locale, che ha costruito raffinerie rudimentali che producono benzina e gasolio; in alcuni casi ISIS provvede anche direttamente a gestire le raffinerie.

Una volta raffinato il petrolio è venduto dai fornitori ai mercati, una metà finisce in Iraq e l'altra metà è consumato in Siria (sia nei territori controllati dall'ISIS sia nei territori a nord controllati dai ribelli).

Giunti a questa fase, l'ISIS diventa quasi completamente estraneo al commercio, rendendo la tracciabilità del denaro ricavato estremamente difficile, se non impossibile, da decifrare.

Inoltre, molto petrolio viene venduto dai contrabbandieri a nazioni vicine come Siria, Turchia e alcuni Paesi del Golfo Persico[85], con taciti accordi per calmierare eventuali oscillazioni sul prezzo del greggio.

Questo ultimo dato mette in evidenza le gravi responsabilità di alcuni Stati, in merito l'accumulo di ricchezza ed il suo successivo reimpiego in attività terroristica, da parte del Daesh.

Primavera Araba: Si intende un termine di origine giornalistica utilizzato per lo più dai media

---

85 E' un golfo sito sull'Oceano Indiano che bagna le coste dell'Oman, Emirati Arabi Uniti, Arabia Saudita, Qatar, Bahrein, Kuwait, Iraq e Iran.

occidentali, per indicare una serie di proteste ed agitazioni cominciate tra la fine del 2010 e l'inizio del 2011.

I paesi maggiormente coinvolti dalle sommosse sono la Siria, la Libia, l'Egitto, la Tunisia, lo Yemen, l'Algeria, l'Iraq, il Bahrein, la Giordania e il Gibuti, mentre ci sono stati moti minori in Mauritania, Arabia Saudita e Oman, in Sudan, in Somalia, in Marocco e in Kuwait.

Le proteste hanno colpito non solo Paesi arabi, ma anche alcuni Stati non arabi, come nel caso della Repubblica Islamica dell'Iran che ha, in un certo senso, anticipato la primavera araba con le proteste post-elettorali del 2009-2010, dette anche "Movimento Verde[86]".

I due casi hanno in comune l'uso di tecniche di resistenza civile, come scioperi, manifestazioni, marce, cortei e talvolta anche atti estremi come suicidi, divenuti noti tra i media come auto-immolazioni e l'autolesionismo.

Anche l'utilizzo di social network come Facebook e Twitter per organizzare, comunicare e divulgare determinati eventi, erano molto diffusi. Ciò a dispetto dei tentativi, talvolta goffi o

---

86 Il termine Movimento Verde si riferisce ad una serie di avvenimenti, che si sono verificati a seguito delle elezioni presidenziali in Iran del 2009. I manifestanti chiesero le immediati dimissioni di Mahmuud Ahmadinejad da suo incarico. Il verde, colore tipico della cultura islamica, fu usato come simbolo di unità e speranza. Nonostante tutto, tali proteste si sono risolte in un nulla di fatto.

comunque non alla portata delle proteste che imperversavano lungo le piazze mediorientali, di repressione statale mediante il blocco degli apparati ripetitivi.

Paradossalmente, proprio la Primavera araba aveva, almeno inizialmente, lo scopo di portare o riportare le tradizioni del mondo arabo al potere.

I social network, tuttavia, non sarebbero stati il vero motore della rivolta, secondo alcuni osservatori, per i quali il network della moschea, o del bazar, conta assai più dì Facebook, Google o delle email.

Considerando la particolare conformazione sociale di questi Paesi, è più che lecito sostenere una simile tesi. La connotazione a maglie strette[87] del tessuto sociale a cui ci stiamo riferendo, è uno dei tratti portanti della cultura non solo islamica, ma soprattutto araba e in particolar modo dell'alto Maghreb.

Alcuni di questi moti, in particolare in Tunisia ed Egitto, hanno portato a un cambiamento di governo, e sono stati identificati come rivoluzioni.

Nonostante ciò, il dato più eclatante, e

---

87 Termine coniato dal sociologo francese Emile Durkheim, allorquando andò a studiare nel XVIV secolo il fenomeno del suicidio. Nel suo celebre libro *Le Suicide,* definisce tali quelle società in cui un uomo trovava una forte protezione da eventuali agenti esterni. Ma anche quelle società capaci di spiingere i propri elementi a compiere gesti estremi, come appunto il suicidio, o comunque a rimanere sempre dentro i canoni sociali di riferimento.

sicuramente più preoccupante, che ha prodotto la Primavera Araba, è la nascita o lo sviluppo senza freni di movimenti jihadisti nella maggior parte dei Paesi coinvolti in questo processo.

Grazie ad una lenta ed inesorabile opera di proselitismo presso le popolazioni autoctone, una grande capacità di manovrare le piazze in rivolta, oltre ad un'indiscussa ricchezza economica che ha permesso un diffusione senza precedenti di cellule fondamentaliste sul territorio, il terrorismo islamico risulta essere ad oggi, il più grande beneficiario di quelli che si presentarono allora, specialmente al politically correct pubblico occidentale, come "moti rivoluzionari e democratici".

Lungi dall'aver esaurito la propria influenza e forza propulsiva in Nord Africa, alcuni effetti della Primavera Araba si stanno oggi riflettendo in diversi Paesi dell'Africa subsahariana, con un esponenziale aumento dell'adesione locale al fondamentalismo islamico e all'insediamento su tali territori di cellule riconducibili ad Al Qaeda nel Maghreb.

Q

Qibla: E' un termine arabo con il quale si indica la direzione della città della Mecca e del santuario islamico della Ka'Ba[88.]

---

88 La Ka'ba è un'antica cotruzione posta all'interno del Masjid

Ogni fedele musulmano al mondo si deve orientare verso la Qibla con il proprio viso, nel momento in cui è impegnato nelle cinque preghiere obbligatorie da compiere durante il corso della giornata.

R

Raqqa: E' una città della Siria, capoluogo del Governatorato[89] omonimo, in passato conosciuta come Callinico.

Nel linguaggio moderno viene chiamata Raqqa. Viene considerata il quartier generale e la capitale del sedicente Stato Islamico che ne ha preso il completo controllo nel gennaio 2014.

Meta di approdo prediletta da parte delle migliaia di foreign fighters occidentali che militano tra le fila del Daesh, la città ha vissuto un pesante sconvolgimento demografico e morfologico, a seguito degli ingenti bombardamenti effettuati dalla coalizione internazionale anti-Isis.

---

al Haram, al centro della Mecca in Arabia Saudita, e che costituisce il luogo più sacro in assoluto per la religione islamica.

89 E' uno dei quattordici governatorati della Siria, il più grande dopo quello di Damasco. Conta 817.000 abitanti su una superficie di 22.000 km2, il cui capoluogo è appunto la città di Raqqa.

Nelle conversazioni tra sostenitori dello Stato Islamico, la città di Raqqa viene spesso definita come "la casa" di tutti i jihadisti.

Racket: E' un termine della lingua inglese, che indica attività criminali finalizzate a controllare determinati settori delle attività economiche e commerciali.

Figura tra le principali voci d'introito del terrorismo odierno, grazie ad un controllo pressocchè totale del fenomeno migratorio dai Paesi dell'alto Maghreb verso il continente europeo, ma soprattutto della prostituzione, del gioco d'azzardo e del cosiddetto "pizzo" imposto alle attività commerciali che gravitano all'interno del sistema economico islamico, sia reale che clandestino, nei Paesi arabi come nei Paesi occidentali.

Tale pizzo, a differenza di quello imposto da organizzazioni criminali nei Paesi occidentali, ha la peculiarità di essere talvolta cercato proprio dal commerciante di fede islamica.

Questa particolarità, si spiega nella misura in cui chi gestisce il sistema del racket, è contestualmente un finanziatore della jihad internazionale. In quest'ottica, un commerciante che vuole sostenere la jihad vedrà nel pizzo soltanto un mezzo per arrivare a finanziare la lotta armata di stampo jihadista.

Ovviamente ciò accade tanto nei Paesi sotto il controllo del Daesh, che nei Paesi con un alto tasso di immigrazione di fedeli musulmani.

Ramadan: Per i fedeli islamici, è il mese nel

quale si pratica il digiuno ed è, secondo il calendario musulmano, il nono mese dell'anno e ha una durata di 29 o 30 giorni.

In tale mese si celebra l'annuncio della Rivelazione fatta dall'angelo Gabriele al Profeta Maometto, e si osserva rigorosamente il quarto dei Cinque pilastri dell'Islam, ovvero il digiuno totale nelle ore diurne.

Ridda: Ovvero apostasia dell'Islam. Secondo le varie interpretazioni date dagli studiosi del Corano, essa è sanzionabile con la pena di morte.

Ad oggi è una delle pene più comuni che vengono commutate dallo Stato Islamico, ai fedeli di altre confessioni che vivono ancora nei territori occupati.

Tale termine viene spesso associato alla cosiddetta "Guerra della Ridda", riferendosi alle operazioni militari definibili di pulizia etnica, ordinate dal califfo Abu Bakr allorquando, alla morte del Profeta Maometto, numerose tribù arabe precedentemente convertite all'islam, si ritennero nella posizione di poter recuperare la precedente libertà d'azione.

Al termine di tale guerra, non solo queste tribù (perlomeno quelle rimaste in vita) furono costrette a rimanere nell'Islam, ma l'intera Penisola Araba si potè considerare conquistata e convertita dall'Islam.

S

Saddam Hussein: Presidente dell'Iraq dal 1979 al 2003. Già leader indiscusso del partito socialista iracheno Ba'ath, il cosiddetto *Rais*[90] giunse al potere incrementando il suo controllo su formazioni paramilitari e organizzazione poliziesca.

La sua presidenza fu segnata anche dal sanguinoso conflitto con l'Iran (1980-88), dall'invasione del Kuwait e la conseguente guerra del Golfo (1990-91)[91].

Le sanzioni economiche successive hanno comportato difficoltà crescenti e una sempre più stretta presa autoritaria sul Paese, mantenuto unito nelle sue variegate componenti confessionali ed etniche.

---

90 Il termine Rais è una parola di origine araba, che si può tradurre come capo o Presidente, usata come titolo dai governanti degli stati musulmani in Medio Oriente e Asia meridionale.

91 Facciamo riferimento al conflitto che oppose dal 2 agosto 1990 al 28 febbraio 1991, l'Iraq di Saddam Hussein e una coalizione di 35 stati, formatasi sotto l'egidia dell'Onu e guidata dagli Stati Uniti, volta a restaurare la sovranità dell'emirato del Kuwait, a seguito dell'invasione dell'esercito iracheno. Fu il primo conflitto di portata mediatica globale e segnò uno spartiacque nella storia dei media, da qui la definizione di *Prima guerra del Villaggio Globale.*

L'invasione americana del 2003, ha posto fine al suo potere ma, al contempo, dopo un breve periodo di stabilità, ha dato inizio ad una stagione politica ancor più complessa e problematica, frutto della dissoluzione dell'autorità statale e dell'estrema frammentazione sociale.

Salafismo: Letteralmente significa rifarsi ai pii antenati (*al-salaf al-salih*) e designa quei movimenti e quelle espressioni dell'islam contemporaneo, che pongono unica e fondamentale enfasi sui contenuti del Corano e della Sunna di Maometto.

Si propongono, quindi, secondo tali princìpi, di rileggere tutta la speculazione giuridica medievale e di riconsiderare la definizione del canone soprattutto delle tradizioni profetiche.

Strettamente tradizionalisti, pongono particolare attenzione sulla purezza rituale e separazione, pressocchè totale, da altre confessioni o comunque dai non salafiti, e sono visceralmente anti-sciiti.

I movimenti di ispirazione salafita sono innumerevoli, talvolta contraddittori e hanno spesso posizioni nettamente differenti su temi di fondamentale importanza nell'Islam. Sebbene talvolta vengono identificati con il più netto quietismo, molto più spesso si contraddistinguono per una radicale militanza politica e militare, che porta i membri a sostenere la causa jihadista, sposandone ideologia e scopi.

Numerose tribù di fedeli salafiti sono oggi presenti, in quella regione della Libia che identifichiamo come Tripolitania[92], controllandone il territorio e le sue attività.

Dobbiamo notare, con una certa preoccupazione aggiungerei, che dalla stessa zona della Libia, partono oggi la maggior parte dei barconi carichi di profughi, diretti verso le coste europee e italiane in particolare.

Salat: Con tale termine si intende la canonica preghiera islamica, ovvero quella obbligatoria, che si distingue da quella volontaria che può essere adempiuta in qualsiasi momento il fedele ritenga opportuno.

Vi sono state negli anni numerose testimonianze oculari di sopravvissuti ad attentati terroristici, riguardo jihadisti intenti ad effettuare la *salat* appena prima di entrare in azione per compiere la strage.

Sciafeismo: E' uno dei quattro *madhhab* (scuole giuridico-religiose) islamiche che si occupano di problematiche e dispute connesse alla Legge Coranica.

---

92 La Tripolitania è una regione storica e geografica della Libia occidentale, la cui capitale è Tripoli. La popolazione attuale ammonta a 3.639.000 abitanti su una superficie di 272.090 km2. Strategicamente determinante per l'espansione dello Stato Islamico nell'alto Maghreb, è oggi considerata tra gli avamposti della coalizione occidentale in Nord Africa volta a contrastare le milizie dell'Isis attive in Libia e Tunisia.

Deriva il suo nome direttamente da Muhammad ibn Idris al-Shafi[93], il quale riteneva che le fonti primarie (*usul*) del diritto musulmano fossero: il Corano; i detti e fatti del Profeta (*hadith*) facenti parte della Sunna; *ijma*, intesa come consenso raggiunto fra tutti i dotti della comunità (*Umma*); analogia o ragionamento analogico *(qiyas)*, che riconosce una minima indipendenza dell'intelligenza umana nello sforzo di adattare le norme contenute nelle fonti primarie alla realtà variabile della società.

Grazie a lui *Hadith* e Sunna del Profeta Maometto, divennero l'autorità primaria nell'interpretazione delle ingiunzioni coraniche. *Hadith* e *Sunna* secondo al-Shafi, sono più importanti del *qiyas* (analogia) e sono seguite in importanza dall'*ijma* (consenso) come base legittima della legge.

Quindi *Corano*, *hadit*, *sunna*, *ijma* e *qiyas* tutti insieme costituiscono gli *usul al-Fiqh* (radici della giurisprudenza), cioè la base sistematica della legge.

Sciiti: I sostenitori dei diiritti di Ali alla successione di Maometto (*shi'at 'Ali*, il partito di Ali).

Gli sciiti sostengono che la successione dei califfi ben guidati e delle dinastie successive degli

---

93 Giurista arabo, i suoi insegnamenti portarono alla scuola giuridica sciafeita di fiqh. E' spesso chiamato Imama al Shafi, ed è considerato uno dei massimi fondatori della giurisprudenza di stampo islamico.

omayyadi e dagli abbasidi siano assolutamente illegittime, dato che l'autorità doveva essere degli imam, unici degni successori di Maometto. Gli imam dovevano avere un preciso ruolo non solo politico ma anche religioso.

La maggioranza sunnita, nell'immaginario collettivo sciita, usurpò deliberatamente e in modo del tutto arbitrario tale ruolo, alterando anche i contenuti del Corano e la stessa testimonianza storica, trascitta nei testi cui i sunniti fanno riferimento, di come ciò avvenne.

A loro volta suddivisi in svariate sette, a seconda del significato religioso attribuito all'imam, gli sciiti hanno conosciuto svariate vicissitudini storiche e hanno sviluppato una sensibilità religiosa diversa dai sunniti.

Rappresentano la maggioranza dei fedeli in Iraq, Iran e Bahrein; sono minoranza, talvolta in armi, in molte altre regioni del mondo islamico, come Arabia Saudita, Emirati Arabi Uniti, Sudan e Yemen.

Shahada: E' la "testimonianza" con cui il fedele musulmano dichiara di credere in un Dio uno e unico e nella missione profetica di Maometto.

La shahāda costituisce condizione essenziale per diventare musulmano, qualora la formula sia espressa con retta intenzione (*niyya*) e sia pronunciata in modo intelligibile di fronte a due testimoni giuridicamente idonei.

La formula compare, scritta in caratteri bianchi su fondo verde su molti vessilli: tra cui quello saudita[94], sulla bandiera dello Stato del Somaliland[95], sulla deposta bandiera del vecchio governo talebano in Afghanistan, sull'odierna bandiera dello Stato Islamico, del Jabhat al-Nusra e su quella del gruppo fondamentalista somalo Al Shabaab.

Sharia: Il termine significa letteralmente <<la strada da seguire>> e designa in senso pieno la legge divina, che prescrive il comportamento che l'uomo e tutta la comunità dei credenti, devono tenere nei precetti religiosi e in tutte le pratiche quotidiane della loro vita.

Tale termine ha subito nel corso dei secoli più interpretazioni, frutto dei vari flussi di pensiero che hanno contrassegnato l'Islam nella storia.

Il dettaglio di tali prescrizioni divine è idealmente contenuto nel Corano, nelle testimonianze ascritte a Maometto, oppure, in mancanza di affermazioni chiare ed esplicite, deve

---

94 La bandiera saudita è verde, ovvero il colore dell'Islam, con al centro una scritta (appunto la shahada) e sotto la quale viene posta una spada. Tra le sue particolarità meno note, vi è quella che la bandiera non può mai sventolare a mezz'asta, in quanto tale gesto verrebbe considerato come un oltraggio alla religione islamica.

95 E' uno stato dell'Africa orientale con capitale la città di Hargheisa, non riconosciuto dalla comunità internazionale, ma intrattiene rapporti politici con Regno Unito, Unione Europea, Ruanda, Norvegia, Etiopia e Kenya.

essere definito dall'elaborazione giurisprudenziale umana che argomenta per definire il dettato dell'ingiunzione divina. Il diritto (il già citato *fiqh)* è quindi una pratica esclusivamente umana per conoscere il volere divino che costituisce idealmente la sharia.

Attualmente la sharia è applicata, in varie forme e con diversi ruoli all'interno del sistema giuridico locale, in alcuni dei più grandi e potenti Paesi del mondo, tra cui: l'Iran, l'Indonesia, Marocco, Libia, Thailandia, Arabia Saudita, Emirati Arabi Uniti, Oman, Qatar e Bahrein[96].

Sebbene in molti stati a stragrande maggioranza musulmana la sharia viene spesso considerata come una fonte di diritto positivo, ovvero vigente e attuabile, nell'Islam delle origini e per alcuni studiosi contemporanei, esso è più un codice di comportamento etico, che dovrebbe pertanto essere privato del potere coercitivo che alcuni vi attribuiscono.

La sharia, teoricamente, perchè la realtà spesso è ben diversa, prevede soltanto in quattro casi l'attuazione della pena di morte: omicidio

---

96 Ci riferiamo a tutti quei Paesi che, a vari livelli, applicano la sharia nel proprio quotidiano. Esistono sostanzialmente quattro livelli di applicazione: può non giocare alcun ruolo nel sistema giuridico ma è considerata nel sistema sociale; può essere applicata soltanto in questioni private (matrimonio, divozio, erdità); pyò essere applicata in procedure private e penali; è applicata a livello regionale e statale dalle autorità competenti.

"ingiusto[97]" di una persona, adulterio (per ambo i sessi), bestemmia contro Dio (a prescindere dalla fede di chi la esprime) e apostasia.

Shaykh: Tradotto in "sceicco", è un termine derivato dall'arabo che letteralmente significa "vecchio" o "anziano", ma che in realtà indica una qualsiasi persona che gode di grande rispetto, a prescindere dall'età.

Nonostante l'origine nobile del termine, frutto del grande rispetto nutrito all'interno della comunità islamica (ma anche araba e preislamica in generale), per le persone più anziane o semplicemente per i capi tribù, oggi vi è sicuramente stata un'evidente travisazione del termine.

Basti pensare che con la parola sceicco, oggi si identificano prevalentemente gli uomini appartenenti alla classe più agiata del mondo arabo, i neoborghesi che fanno affari con il petrolio e investono nella finanza islamica.

Tale appellativo è addirittura oggi riservato, a personaggi che hanno legato per sempre il proprio nome al terrorismo e ad alcuni dei più cruenti

---

97 Con omicidio "ingiusto" nella tradizione radicale musulmana, ci riferiamo a quegli omicidi commessi senza lo scopo d'onore. Ad esempio, l'omicidio di una figlia che ha disonorato la famiglia sposando un miscredente, è ritenuto giusto. Differente è il caso di una figlia che si rifiuta di obbedire agli ordini del padre, in tal caso l'omicidio viene considerato come una condanna sporporzionata al tipo di "reato" commesso.

episodi della nostra storia moderna: su tutti Osama bin Laden (spesso giornalisticamente definito lo "sceicco del terrore") e il signore della guerra, poi autoproclamatosi califfo, Abu Bakr al-Baghdadi.

Social Media: Tra i più utilizzati mezzi di comunicazione del terzo millennio, i social media rappresentano oggi sicuramente il canale più diffuso per lo scambio dati e informazioni tra terroristi di tutto il mondo.

Altro compito fondamentale ad essi affidato, è il reclutamento di cellule jihadiste in territorio occidentale, la proliferazione delle idee jihadiste tra le nuove generazioni e la spettacolarizzazione dell'evento terroristico, nella fattispecie di un attentato.

Grazie ad una capillarità senza precedenti, l'estrema facilità d'utilizzo, i costi di gestione praticamente azzerati e una liquidità tipica del mondo informatico, che permette ai fondamentalisti di scomparire al momento opportuno, i social media oggi si pongono al contempo come alleato indiscutibile del terrore e come insostituibile mezzo di lavoro, da parte delle forze di polizia, intelligence e militari.

Sufismo: La mistica islamica. Il termine deriverebbe dall'arabo *suf*, <<lana>>, per la pratica di indossare abiti grezzi di lana da parte dei primi asceti emistici.

Rifacendosi ad alcuni detti di Maometto che lodano moderazione, riflessione personale e più in generale un approfondimento intimo dei contenuti formali della fede, il sufismo ha avuto una grande diffusione nella storia e nella cultura islamica.

Prime figure di sufi hanno scritto vari argomenti e hanno poi immesso queste tematiche nella tradizione ortodossa sunnita.

Nel corso del Medioevo sono poi emerse le confraternite o gli ordini sufi, organizzate nella trasmissione da maestro a allievo di pratiche e discipline.

Prima dell'età contemporanea, le confraternite *sufi* sono state il fenomeno sociale più importante dell'islam, dall'Atlantico fino all'India, garantendo capacità di adattamento e di approccio irenico, con nuove realtà solitamente ai confini del mondo islamico.

Le loro pratiche e il culto delle sue figure più eminenti, sono oggi oggetto di aspre critiche, talvolta sfociate in veri e propri atti di violenze e persecuzione, da parte della componente sufita ad danni di quella salafita.

Sujud: E' una parola araba che sta ad indicare la "prosternazione a Dio", in direzione della Ka'ba della Mecca.

Da eseguire rigorosamente durante le preghiere quotidiane obbligatorie, che ogni fedele musulmano deve compiere, tale posizione comporta avere le mani all'altezza del capo e le ginocchia che toccano contemporaneamente il suolo di preghiera.

Sunna: La racolta dei detti e degli atti di

Maometto (*hadith*), che serve come seconda fonte di riferimento per il credente, direttamente accanto il Corano.

Letteralmente il termine sta a significare <<condotta>>. Esso rappresenterebbe pertanto l'insieme delle tradizioni su Maometto, tramandate e discusse nella loro autenticità da discipline tradizionali in ambito islamico.

Il ruolo dei detti di Maometto è quasi pari a quello dei versetti coranici, e da qui la centralità della conoscenza della Sunna e il nome, sunniti, attribuito alla stragrande maggioranza dei musulmani e al loro credo.

Sunniti: Nome derivato da Sunna e sta ad indicare quella che oggi rappresenta la maggioranza dei musulmani nel mondo.

Il sunnismo emerse nella sua forma definitiva, mediando tra linee e tendenze diverse in ambito teologico e tradizionale, e distinguendosi per una netta contrapposizione alle rivendicazioni dei sostenitori dei diritti di Ali, ovvero gli sciiti.

Sostennero così la successione dei califfi via Abu Bakr, Umar e altri, riducendo al minimo indispensabile il significato religioso della stessa carica califfale.

Il sunnismo così come lo conosciamo oggi, fu però il frutto di lotte e contese ideologiche e teologiche medievali, che lo videro prevalere dal IX secolo a discapito di linee di pensiero diverse e segnate da maggior razionalismo.

Oltre che dalla devozione per il Corano e la

Sunna del Profeta, la storia dei sunniti è segnata dalla speculazione giuridica (*fiqh*) che è stata l'attività principale per tutto il Medioevo e che ha dato origine a quattro scuole giuridiche diverse (hanafiti, hanbaliti, malichiti e shafi'iti), che ancora caratterizzano la storia interpretativa dell'islam sunnita.

Sura: Ognuno dei centoquattordici versi presenti all'interno del Corano viene definito con tale termine, ormai largamente usato anche in Occidente. Di queste Sure, ognuna è a sua volta divisa in *ayat* versetti (in arabo, "segni", "miracoli").

Le sure non sono ordinate cronologicamente per data di rivelazione, ma grosso modo per ordine di lunghezza, dalla più lunga alle più brevi (fa eccezione la prima sura, L'Aprente, di soli sette versetti).

La sura più lunga è la seconda, Al-Baqara, di 286 versetti, le più corte (di soli tre versetti) sono tre: la 103 (Al-`Asr), la 108 (Al-Kawthar) e la 110 (An-Nasr, l'ultima a essere stata rivelata a Maometto).

Shura: Termine arabo che si può tradurre con "consultazione, consiglio, organo consultivo".

In genere si riferisce al consiglio islamico di una data comunità o, talvolta, di un apparato governativo. Ma anche, sempre più spesso, di un determinato gruppo terroristico.

Ogni comunità islamica, a prescindere dal suo orientamento confessionale, ha una *shura* che ne dirige e scandisce le varie attività, dirime i problemi che possono sorgere tra individui ad essa appartenenti, ed infine, tratto particolarmente importante, si occupa di prendere decisioni in materia di autofinanziamento.

T

Takfir: Il tacciare di miscredenza un altro, in genere un musulmano colpevole di atti gravi oppure sostenitore di concezioni e convinzioni che ne fanno un apostata[98].

Si tratta a tutti gli effetti di una vera e propria scomunica che comporta la condanna a morte, a meno di un immediato pentimento che deve essere accettato dalle autorità competenti.

Il *takfir* fu lo strumento usato dai primi scismatici della storia islamica, i kharijiti, per condannare a morte gli avversari.

Benchè utilizzato spesso in chiave politica nel corso della storia islamica, i teologi classici hanno sempre usato una grande prudenza verso tale strumento, che accresceva inevitabilmente

---

98 Nel video diffuso da Al Qaeda nei giorni successivi l'11 settembre, lo Sceicco del terrore Osama BinLaden accusa più volte l'Occidente di essere "takfir", ovvero miscredente o infedele. Pertanto l'attacco al cuore degli Stati Uniti è soltanto una condanna per tale miscredenza nell'ottica jihadista.

conflittualità e scontri, optando preferibilmente per una difesa della convivenza di diverse opinioni e di una astensione dal giudizio, affidato a Dio.

Lo strumento è ritornato fortemente in auge negli ultimi decenni, grazie anche ai processi di radicalizzazione che hanno interessato gran parte dell'universo islamico, ma soprattutto per le seguite e politicamente influenti teorizzazioni di Sayyd Qutb, ideologo chiave dello jihadismo in chiave moderna e sostenitore del diritto di poter <<scomunicare>> governanti e maggioranze sunnite, non in linea con la sua visione di islam politico, radicale e militante.

Taqiyya: Dall'arabo <<mentire>, celarsi dietro altre sembianze, confondere il nemico.

E' la tecnica adottata da molti *foreign fighters* occidentali, da sempre presente nella tradizione islamica, per non destare sospetti nell'ambito di un processo di radicalizzazione.

Ciò comporta condurre una vita irreprensibile agli occhi dell'autorità, essere seri lavoratori, musulmani apparentemente moderati se non addirittura completamente disinteressati alla religione, talvolta mangiatori di carne di maiale e plateali abusatori di alcool (cose entrambe vietate nei precetti islamici).

Tutte pratiche usate per non attirare l'attenzione su di se, specie prima di un ipotetico attentato da compiere.

Da notare che questa pratica, prediletta dai fondamentalisti islamici per mimetizzarsi all'interno di una data società, specialmente in quella occidentale, è la pratica con cui gli attentatori del Bataclan e della strage di Nizza del Luglio 2016, sono riusciti ad ingannare le forze dell'ordine francesi per oltre un decennio.

Riuscendo sempre ad apparire come cittadini integerrimi, onesti e perfettamente integrati al tessuto sociale francese, nel corso degli anni questi fondamentalisti hanno conquistato la fiducia non solo delle autorità preposte al controllo dell'ordine sociale, ma anche della società civile circostante, con cui si relazionavano quotidianamente con l'utilizzo di tale tecnica di mimetizzazione sociale, riuscendo con essa ad eludere e fugare, dubbi, controlli e ogni misura di sorveglianza.

Taghut: E' una parola araba che sta a significa <<l'oltrepassare il limite>> o <<lo scavalcare Dio>>. Viene spesso identificata come una sorta di ribellione del fedele alla volòtà di Dio, pertanto punibile con una pena severa, come ad esempio la decapitazione.

Nella teologia islamica, viene spessa usata per identificare gli idolatri e gli apostati, ovvero coloro che antepongono la propria volontà alla parola di Dio e del Testo Sacro.

Tale termine denota altresì chi eccede i propri limiti personali.

Talebani: Tristemente noti per la loro barbarie e per alcuni dei più tragici eventi che hanno contrassegnato il XX secolo e l'inizio del XXI, le loro origini risalgono a movimenti giovanili in seno alle università afgane dei primi anni settanta.

In pieno fervore ideologico anni settanta, sotto la spinta dell'ideologia marxista, che venne ben presto abbandonata per una svolta completamente di stampo religioso, nacquero movimenti che si richiamavano all'Islam più radicale. Ciò avvenne non solo in Afghanistan, ma anche in Pakistan, India, Iran e Bangladesh

Il massimo successo presso le masse popolari lo hanno ottenuto come movimento politico e militare per la difesa dell'Afghanistan, nella guerriglia successiva al crollo del regime sovietico.

I talebani sono noti per essersi fatti portatori dell'ideale politico-religioso che vorrebbe recuperare tutto il portato culturale, sociale, giuridico ed economico dell'islam per costituire un Emirato, parte integrante del Califfato Islamico che dovrebbe andare dal Maghreb fino all'Estremo Oriente.

Dopo una sanguinosa guerra civile che li ha visti prevalere su Tagiki e Uzbeki, essi hanno governato su gran parte dell'Afghanistan (escluse le regioni più a occidente e a settentrione) dal 1996 al 2001, ricevendo un irrilevante riconoscimento diplomatico solo da parte di tre nazioni nel mondo: Emirati Arabi Uniti, Pakistan e Arabia Saudita.

I membri più influenti, tra cui il Mullah Mohammed Omar, capo religioso del movimento, erano ulema (studiosi religiosi islamici).

Ostili ad adattare la loro patria alle società più moderne del pianeta, essi respinsero ogni tentativo di interpretazione che non fosse inquadrato nella più conservatrice tradizione spirituale e culturale del pensiero islamico, adottando un atteggiamento repressivo nei confronti degli oppositori.

Dopo la loro caduta avvenuta nel 2001 a seguito dell'invasione statunitense[99], il potere dei talebani si è dissolto in gran parte dell'Afghanistan.

Ciò nonostante, grazie all'ampio supporto fornito da alcuni Paesi, tra i quali spicca l'Iran di Khomeini, i forti legami con Al Qaeda e il commercio di oppio che garantisce gli introiti necessari per condurre la guerriglia, i talebani continuano a essere tra i gruppi più influenti all'interno del network mondiale del terrore, oggi secondi soltanto alle milizie nere del Califfato Islamico.

Tawhid: E' il concetto alla base dell'unicità e dell'irripetibilità dela religione islamica.

All'interno dell'ottica monoteistica islamica, non esiste altro Dio all'infuori di Allah e non esiste altra religione possibile all'infuori dell'Islam. Il *tawhid* si

---

99 Iniziata il 7 ottobre 2001, a seguito dei drammatici attentati che colpirono l'11 settembre gli Stati Uniti e rientrante nel quadro più ampio della "Guerra al Terrore", il primo passo delle ostilità fu compiuto proprio nel territorio afgano controllato allora dai talebani. Nella seconda fase del conflitto, ovvero dopo la conquista di Kabul da parte delle forze armate sotto il comando ISAF, si è puntato ad un sostegno e un rafforzamento del governo filo-occidentale del Presidente Hamid Karzai, operazione denominata "Enduring Freedom".

colloca come il primo e più importante articolo nella professione di fede espressa nella *shahada*.

Nonostante i casa analoghi riscontrabili nel monoteismo ebraico e cristiano, il *tawhid* contraddistingue il monoteismo islamico per la sua intransigenza, per il suo totale rifiuto, in un'ottica fondamentalista, al riconoscimento delle altre fedi.

Tale concezione ricalca perfettamente quanto più volte esplicitamente asserito nel Corano, che non esiste nessun altra verità al mondo all'infuori dell'islam[100].

Telegram: E' un servizio di messaggistica istantanea erogato senza fini di lucro dalla società Telegram LLC[101]. I client ufficiali di Telegram sono distribuiti come software libero e indipendente per diverse piattaforme.

Conta attualmente oltre cento milioni di utenti quotidianamente attivi e quindici miliardi di messaggi certificati scambiati ogni giorno in tutto il mondo (con picchi in Stati Uniti, Russia, Canada, Francia e Regno Unito).

Le caratteristiche principali di Telegram sono la possibilità di stabilire conversazioni cifrate *punto-punto*, scambiare messaggi vocali, fotografie, video, stickers e file di qualsiasi tipo grandi fino a 1,5 GB.

---

100   Asserita a chiare lettere nella *Shahada*.

101   Società fondata e tutt'oggi appartenente ai fratelli russi Nikolai e Pavel Durov, già fondatori del sociaà network in lingua russa VK.

Di gran lunga il sistema di messaggistica più usato dai terroristi di tutto il mondo, si contraddistingue per la sua totale refrattarietà alla distribuzione dati degli utenti, al suo ermetico sistema di criptaggio e ad una ferma posizione in materia di tutela della privacy.

Molti dei più recenti attentati che hanno sconvolto il mondo, sono stati organizzati su Telegram, dove fondamentalisti islamici registrati con nome proprio e tanto di foto profilo, hanno scambiato messaggi dal chiaro intento terroristico fino a pochi istanti prima dell'attacco.

A tal proposito, è emblematico l'attentato all'aeroporto di Bruxelles del Marzo 2016, organizzato dagli attentatori e i loro basisti, mediante l'utilizzo esclusivo di tale piattaforma.

Terrorismo: L'uso calcolato di violenza o minacce, per conseguire obiettivi di natura politica, religiosa o ideologica (ma può essere anche volto a scongiurare il capovolgimento di un dato status quo[102]), da parte di un potere non costituito, contro uno Stato legittimo e costituito, che detiene il monopolio della forza.

Terrore questo, praticato sostanzialmente ricorrendo a intimidazioni, costrizioni, minacce e diffusione costante della paura.

---

102 In quest'ottica si inserisce il cosiddetto "terrorismo di Stato". Ovvero quella forma di terrorismo diretta dallo Stato verso la popolazione civile, al fine di mantenere il proprio potere.

I mezzi per attuare una strategia del terrore sono vari. Tra i più noti, oltre quello bellico, vi è la guerriglia urbana, l'attacco individuale, l'attacco contro simboli nazionali, strategie mediatiche ad hoc, e l'uso indiscriminato della violenza sui civili.

Tra le dinamiche sociali che hanno più sconvolto l'esistenza dell'umanità negli ultimi decenni (e cambiato il corso storico mondiali con drammatica rapidità); si è dapprima diffusa in forma fortemente ideologica e territoriale (specialmente nei Paesi appartenenti al Patto Atlantico con Partiti di ispirazione comunista), con il cosiddetto terrorismo rosso[103] e nero[104] che hanno segnato gli anni di

---

103 Con tale locuzione ci riferiamo a quella forma di terrorismo praticata da gruppi ispirati dall'ideologia marxista-leninista. Tra i più noti in Italia: Brigate Rosse, Avanguardia Operaia, Prima Linea, Comitatati Comunisti Rivoluzionari, Fronte Comunista Combattente, Nuclei Armati Proletari. Nel mondo: ETA (Spagna), RAF (Germania), Action Directe (Francia), Cellule Comuniste Combattenti (Belgio), Fronte Sandinista (Nicaragua), FARC (Colombia).

104 Con il termine terrorismo nero, si indica quella forma di lotta armata praticata da gruppi eversivi di stampo neo-fascista o neo-nazista. Tra I più noti in Italia: Nuclei Armati Rivoluzionari, Terza Posizione, Ordine Nuovo, Ordine Nero e Avanguardia Nazionale. Nel mondo: in misura decisamente inferiore rispetto al terrorismo rosso, nel mondo si sono registrate soltanto azioni individuali ispirate al terrorismo neofascista.

piombo[105], poi con la caduta dell'Unione Sovietica, della cosiddetta Cortina di Ferro[106] e l'avvento della postmodernità[107], il terrorismo ha assunto una forma dalla componente spiccatamente religiosa, prevalentemente identificato oggi con il terrorismo di stampo jihadista.

In tal senso, il terrorismo di matrice islamica

---

105 Tale espressione deriva dal titolo del film omonimo "Anni di Piombo", regia di Margarethe von Trotta uscito nel 1981, che trattava l'esperienza storica analoga e contemporanea vissuta dalla Germania dell'Ovest, in cui si verificò un'estremizzazione della dialettica politica che si tradusse in violenze di piazza, nell'implementazione della lotta armata e di atti di terrorismo.

106 Termine utilizzato in Occidente nella seconda metà del Novecento, per indicare la linea di confine che divise l'Europa in due zone separate di influenza politica, con l'Ovest sotto l'influenza Usa e l'Est sotto quella URSS, per un periodo intercorso tra la fine della Seconda Guerra Mondiale e la fine della Guerra Fredda.

107 Termine usato a partire dalla seconda metà del Novecento, con diversi significati e negli ambiti più svariati. Genericamente si riferisce alla crisi della modernità nelle società occidentali a capitalismo avanzato, caratterizzate ovviamente da un'economia e una finanza di portata globale, da una ofrte componente pubblicitaria nella vita dei cittadini, dagli influssi della televisione nelle scelte e convinzioni personali, ma soprattutto da un continuo ed inesorabile flusso di informazioni dal mondo web.

(spesso, appunto, definito jihadista) va oggi considerato come quella forma di terrorismo, ossia un atto di violenza o di minaccia di violenza ai danni di cittadini non combattenti, organizzata da individui di fede musulmana per conseguire, comunque, fini religiosi, politici o ideologici riconducibili alla dottrina in questione.

Viene spesso considerato tra i problemi più grandi e urgenti che il mondo dovrà affrontare nei prossimi anni, insieme alla fame nel mondo, la corruzione, i cambiamenti climatici, la desertificazione terrestre e le malattie gravi.

U

Ulema: Dal plurale arabo *ulama'*, indica i dotti in scienze e tradizioni religiose che assunsero un ruolo centrale nel corso della storia islamica, per la definizione vera e propria del sunnismo.

Rappresentano, tuttavia, una categoria generica e non una gerarchia formalizzata e ben definita.

Nell'islam storico e contemporaneo possono definire esperti di vario tipo, sia per studio che per speculazione personale, sia impegnati professionalmente come giudici, docenti in madrase[108] e università.

---

108 Con tale termine si indica comunemente una scuola in lingua araba. Ma dopo l'arrivo dei turchi in Medio e Vicino Oriente nel XI secolo, il termine è poi passato a significare

Il prestigio personale e una particolare erudizione e capacità riconosciute dalla comunità di riferimento, giocano un ruolo decisivo per assumere tale carica.

Ummah: La <<comunità islamica>> propriamente detta. Il termine indica l'ideale di una comunità guidata da un leader musulmano, in continuità con quella fondata da Maometto dopo il suo trasferimento a Medina.

In fedele ottemperanza alla realtà comunitaria del primo islam, la *ummah* non indica una società composta da tutti musulmani, ma quella in cui la leadership islamica permette che i musulmani svolgano i propri doveri religiosi in piena libertà.

Al suo interno, in uno statuto di totale inferiorità e sottomissione, possono vivere ebrei, cristiani e altre fedi appartenenti alle religioni del Libro[109], che in un'ottica islamica, trovano comunque protezione per la propria incolumità sotto il dominio di essa.

In defintiva il concetto di *ummah*, esprime principi di forte solidarietà tra credenti e costituisce,

---

una più generale istituzione di studi superiori.

109 Vengono definite "religioni del Libro" il giudaismo, il cristianesimo e l'islam, perchè in queste tre confessioni viene venerato lo stesso Dio, con l'unica differenza che per gli ebrei si è rivelato una volta, per i cristiani due e per i musulmani tre. Per libro si intende il Libro di Dio (Torah per gli ebrei, Bibbia per i Cristiani, Corano per i musulmani).

un comune, grande e universalmente riconoscibile simbolo di richiamo, per ogni fedele musulmano nel mondo.

V

Velo: Termine che nella realtà designa un'immensa e sconfinata varietà di tipologie di coperture, tipiche della tradizione islamica fin dalle sue prime apparizioni nel corso del VII secolo d.C..

Quello in assoluto più diffuso, *hijab*, deriva da un passo coranico che accenna all'ingiunzione di celare le parti <<provocanti >> delle donne e designa oggi il foulard che lascia scoperto soltanto il volto e cade sulle spalle.

Il *Niqab* è il velo integrale nero, in uso prevalentemente nella penisola araba, che lascia scoperti esclusivamente gli occhi. E' sempre più diffuso nel mondo islamico, con un'eclatante espansione tra gli islamici residenti in Occidente, con evidenti ripercussioni sulla sicurezza urbana, dato che è impossibile definire chi si cela sotto tale velo.

Altri termini riflettono denominazioni prettamente regionali, se non addirittura di fazzoletti territoriali equivalenti ad una medio o piccola provincia europea, caratterizzate da proprie specificità, oppure sono decisamente meno diffusi. *Chador* è il termine persiano che genericamente designa il velo corto o lungo, mentre *burqa* è il tipico velo integrale afgano, particolarmente popolare laddove persistono le leggi importate dai talebani.

Nonostante la citazione nel Corano del *hijab*, l'ingiunzione non è esplicita e deriva piuttosto dalle testimonianze del Profeta che chiedeva alle sue mogli di velarsi nei luoghi pubblici, al fine di coprirne le forme che esso stesso giudicava provocanti agli occhi del genere maschile.

Il velo era quindi conosciuto nella società araba e panaraba delle primissime origini dell'islam, ma con usi talvolta diversi, tra il costume generalizzato di non velare le proprie donne e quello invece che le vedeva velate nelle aree urbane, anche cristiane, nel Nord della penisola nel VII secolo d.C.

Vevak: I Guardiani della rivoluzione e i servizi segreti iraniani, che hanno preso il posto della SAVAK[110], i servizi di sicurezza dello Scià.

Molto attivi su scala internazionale, grazie anche ai buoni rapporti con Paesi tendenzialmente isolati dalla comunità internazionale, come Corea del Nord e Siria, sono oggi composti prevalentemente da agenti formati nelle migliori università occidentali, a conferma della vocazione internazionale

---

110   Fu la temutissima polizia segreta che la dinastia Pahlavi usò per controllare in modo totalizzante l'Iran e I suoi abitanti dal 1957 al 1979. Considerata come una delle organizzazioni più brutali di tutto il Medio Oriente, arrivò ad impiegare un vero e proprio esercito di 60.000 agenti effettivi.

dell'agenzia, che viene collocata tra le prime al mondo nel settore dell'antispionaggio, sia governativo che industriale, del monitoraggio territoriale e della schedatura di soggetti potenzialmente pericolosi per la stabilità dello Stato iraniano.

La Vevak, inoltre, ha a propria disposizione un foltissimo gruppo di hacker professionisti, assoldati per ottenere informazioni sui rifugiati iraniani residenti all'estero, utilizzando tecniche di sabotaggio e attacco cibernetico, ai danni di servizi di messaggistica come Whatsapp, Telegram e Messenger.

Ma soprattutto hanno un foltissimo apparato di tecnici specializzati in materia di energia nucleare e termica, con gruppi segreti di ingegneri informatici, chimici e nucleari.

I primi confermano, nel caso in cui ve ne fosse il bisogno, la sconvolgente capacità iraniana di poter compiere attri di sabotaggio a governi e istituzioni occidentali, come ad esempio i più recenti attacchi hacker che hanno colpito alcune note aziende telefoniche americane.

Le altre due tipologie, sono espressamente richieste per lo sviluppo, la proliferazione e la protezione del programma nucleare iraniano, che potrebbe garantire entro il 2021 a Teheran un ordigno atomico al pari di altre potenze nucleari mondiali, come Stati Uniti, e Russia[111].

---

111   Con la locuzione "Stati con armi nucleari" ci riferiamo a quei Paesi che detengono, hanno testato e sono attualmente

W

Wahhabismo: Movimento fondato da 'Abdallah ibn 'Abd al-Wahhab, ulema della penisola araba del XVIII secolo.

E' presto diventato un movimento internazionale con la piena adesione del clan saudita Al Sa'ud[112] e la loro presa del potere nella penisola agli inizi del XX secolo.

Strettamente tradizionale, come la scuola giuridica più rigida ed intransigente, quella hanbalita, rigetta ragionamento analogico e uso del parere personale, ma proclama totale avversione verso il culto dei santi sufi mistici e verso ogni

---

in possesso di ordigni con capacità nucleare. Si possono distinguere due categorie. La prima è composta dai Paesi aderenti al Trattato di Non Proliferazione nucleare (TNP) e sono Cina, Francia, Russia, USA e Regno Unito); la seconda riguarda Paesi non aderentia tale trattato e che hanno sviluppato in modo autonomo e unilaterale ordigni nucleari. Essi sono: Corea del Nord, Pakistan e India.

112   Dinastia saudita istituita dal Sultano del Najd, Abd Al Aziz Al Saud. Governa ininterrottamente dal 1926 il Regno Arabo Saudita, nato dopo la vittoriosa annessione al Sultanato del Regno hascemita del Hijaz. Sebbene detengano il controllo totale del potere politico, economico e militare del Paese saudita, al contempo soffrono di aspre critiche e opposizioni interne al Regno, per il modo autoritario e teocratico di governare.

forma di culto in odore di idolatria (ad esempio santuari, tombe, mausolei).

E' grazie alle università, alle moschee e agli ingenti finanziamenti sauditi (si stimano circa otto miliardi di dollari ogni anno) che, dal 1970 in poi, questa forma di islam più intransigente si è diffusa ovunque nel mondo, determinando l'avanzata e le odierne fortune del salafismo[113].

Wilayat: Termine che in arabo e in tutte le lingue del mondo islamico, indica una divisione amministrativa, equiparabile ad una regione o una provincia.

In tale accezione il termine è di uso frequente in molti Paesi arabi e musulmani, proprio per indicare le amministrazioni regionali o provinciali dei diversi Stati.

In questo significato, è usato anche da unità locali di qualsiasi natura politica che si autodefiniscono province della stessa.

In connessione con la radice araba *walaya*, che significa letteralmente governare (ma anche gestire,

---

113 L'espansione del Wahhabismo in Occidente è da ricollegare direttamente agli investimenti effetuati dalla dinastia saudita Al Saud, fin dai primissimi anni del Novecento. Tale strategia ha subito un brusco accelleramento nel 1973, alloraquando la Muslim World League di ispirazione saudita, ha aperto uffici e cominciato a finanziare la nascita di moschee e la diffusione del Corano (secondo la lettura Wahhabita ovviamente) in ogni angolo del mondo.

organizzare, comandare), il termine ha storicamente avuto anche una connotazione di carattere religioso soprattutto in ambito sciita, dove assume il connesso significato di "autorità" e quindi capacità di amministrare che spetta al Profeta Maometto, alla sua discendenza o a quegli esperti di religione in grado di supplire alla loro assenza.

Whatsapp: Con oltre un miliardo di utenti e ventisette miliardi di messaggi inviati quotidianamente[114], è di gran lunga il sistema di messaggistica gratuita multipiattaforma, più diffuso non solo tra il pubblico civile, ma anche tra i terroristi di matrice islamica per comunicazioni convenzionali (ma spesso anche con fini inerenti la jihad) in tutto il mondo.

Nonostante non fornisca particolari garanzie sul trattamento dei dati e la gestione della privacy, tutt'altro, la società acquistata dal gruppo Facebook nel 2014, a partire dai primi mesi del 2016 ha inserito nella propria applicazione di messaggistica la crittografia end-to-end impedendo persino alla società stessa di poter accedere ai contenuti delle varie chat.

Ovviamente, se da un lato si cerca di tutelare in qualche misura la privacy dei propri clienti, questa azione è senz'altro un assist al terrorismo internazionale, che può usufruire di un'ulteriore, immensa e agevole piattaforma, per giunta la più

---

114   Dati diffusi il 2 febbraio 2016 dal gruppo Facebook Inc.

diffusa tra le giovani generazioni occidentali, per mettere in connessione i propri seguaci.

Y

Yazidi: Comunità religiosa del Kurdistan iracheno. L'origine del loro culto risale alla religione di Zoroastro[115], con elementi da altre tradizioni religiose iraniche ed anche elementi cristiani e islamici.

Gli yazidi credono in un unico Dio e hanno una mitologia assai articolata che include anche concezioni considerate erroneamente, a più riprese, dai musulmani come forme di adorazione del diavolo.

Al centro del loro culto vi è, infatti, l'Angelo Pavone ovvero Iblis, che per il sunnismo rappresenta il demonio che causò l'espulsione dal paradiso di Adamo.

Storici delle religioni li considerano un mero frutto di sincretismi, largamente influenzati da ordini mistici islamici diffusi sulle montagne irachene e ben presto segnati da innovazioni significative, nell'immaginario religioso in relazione all'islam.

---

115 Lo Zoroastrismo è una religione e filosofia basata sugli insegnamenti del Profeta Zarathustra, ed è stata in passato la religione più diffusa dell'Asia. Fu fondata nel VI secolo a.C nell'antica Persia (attuale Iran).

Tutto ciò ha causato frequenti e brutali persecuzioni, spesso sfociate in veri e propri genocidi, da parte dei musulmani sunniti[116].

Yemen: E' uno Stato posto all'estremità meridionale della Penisola araba; il suo nome ufficiale è Repubblica Unita dello Yemen. La capitale è la città di Sana'a.

Tra i Paesi più poveri del mondo, con profonde spaccature all'interno del proprio tessuto sociale, con un'esplosiva radicalizzazione degli autoctoni, un governo incapace di gestire la sicurezza e i servizi minimi, un annoso conflitto che si protrae con la potenza regionale, ovvero l'Arabia Saudita, oggi lo Yemen si può definire come una culla per la proliferazione del terrorismo islamico in Medio Oriente.

Oltre a vari gruppi fondamentalisti formati spontaneamente da milizie locali, hanno posto le basi per una capillarizzazione sul territorio alcuni tra i più pericolosi gruppi terroristici del mondo, tra cui Al Shabaab, Al Qaeda, la frangia yemenita di Hezbollah e il partito politico Islah[117], fortemente

---

116 Nel corso degli ultimi due anni, si è assistito ad un vero e proprio genocidio del popolo yazida, prevalentemente curdo. Accusati di essere adoratori del diavolo (accusa fondata sull'adorazione dell'Angelo Pavone del popolo yazida), sono passati dalle 800.000 unità presenti nel Nord dell'Iraq nel 2014, alle 500.000 unità del Marzo 2016.

117 E' un partito politico transnazionale dai connotati fortemente fondamentalisti, il cui nome arabo tradotto

finanziato dal vicino governo del Qatar, capace di riunire sotto un'unica sigla la Fratellanza Musulmana e i radicali Salafiti.

A conferma di questa radicalizzazione repentina ed inesorabile del Paese yemenita, che conta oggi gruppi armati che fanno base fissa nella periferia della capitale Sana'a, vi è un dato su tutti: la metà dei terroristi attualmente detenuti nel carcere di Guantanamo, sono yemeniti di passaporto, o immigrati di seconda e terza generazione di origine yemenita.

Z

Zaim: Lo *zaim* considerato un vestigio di ispirazione ed emanazione prettamente medioevale, rappresenta tutt'oggi presso alcune tribù, emblematicamente la figura del capo, del vertice sociale o del condottiero.

Esso può essere un leader politico, una persona che detiene una determinata carica o rappresenta comunque un potere riconosciuto. I suoi seguaci in genere appartengono ad una setta di stampo religioso.

Lo *zaim* è onnipotente all'interno del proprio ambito e la sua clientela gli garantisce fedeltà alle elezioni in cambio dei suoi favori.

---

significa "riforma".

Il suo sistema, totalitario e totalizzante, di potere e controllo all'interno del territorio cui appartiene, è molto simile al sistema clientelare già largamente in uso in Italia negli ultimi decenni del XX secolo e non solo.

Basato sostanzialmente su un sistema di favori, lo *zaim* facendo le veci di un podestà, assicura posti di lavoro, pensioni e benifici di varia natura, a tutti coloro che garantiscono un consistente numero di voti o di fedeli coscritti.

Zakat: L'obbligo religioso prescritto dal Corano di "purificazione[118]" della propria ricchezza, che ogni musulmano in possesso delle facoltà mentali deve adempiere per definirsi un vero credente. È uno dei Cinque pilastri dell'Islam.

Etimologicamente collegata al concetto di "purezza", la zakat – pagare una quota della propria ricchezza a beneficiari precedentemente stabiliti – è un modo per purificarsi, come la preghiera.

Spesso tradotta impropriamente con il termine elemosina (e ancor più impropriamente paragonata alla cristiana *questua* che si raccoglie nelle Chiese

---

118 Con il termine "purificazione", nella fede islamica si vuole indicare l'ordine impartito da Allah al fedele musulmano di purificare il suo interno e il suo esterno. Quest'ultimo viene pulito dalle apparenze vietate (la ricchezza dovrebbe, secondo questa visione, rientrare nel canone) e dalle impurità fisiche (il velo delle donne rientra in quest'ottica), l'interno mediante un processo di preghiere rivolte a Dio.

cristiane) la *zakat* non ha in sé alcun elemento di volontarietà (per la vera e propria elemosina si usa il termine *sadaga*). Originariamente un prelievo sui beni superflui, serve a rendere lecita la propria ricchezza materiale.

A ciò si provvede col pagamento di una quota-parte dei propri guadagni (calcolando un minimo esente che può variare a seconda della comunità, dei luoghi e dei tempi) che va, in forma di aiuto solidale, alle categorie più svantaggiate della società islamica - specialmente i poveri, gli orfani e le vedove - ma che può essere destinata ad altri scopi pii (ad esempio il sostentamento, di varia natura, della comunità musulmana in generale, gli aiuti per i viandanti pellegrini, l'espressione pubblica della propria fede).

Molto meno nobili sono gli scopi a cui viene destinata la *zakat* che cade nelle mani di imam radicali, broker al soldo del terrore, organizzazioni paramilitari e fazioni jihadiste di ogni tipo, che la reimpiegano in attività terroristiche come attentati, addestramento delle milizie, propaganda online, traffico di sostanze stupefacenti, operazioni di marketing e il sostentamento di nuove cellule in territorio occidentale.

È oggetto di un acceso e ormai annoso dibattito, se questa donazione possa essere devoluta anche ai credenti di fede non musulmana: secondo alcuni ciò è sostanzialmente impossibile, giacché essi dovrebbero utilizzare i fondi della *jizya*; per altri sarebbe sì possibile, ma ovviamente a patto di soddisfare prima tutte le esigenze di cui necessitano i fedeli musulmani[119].

L'Islam per lunghi secoli ha affidato la gestione totale della *zakat* al potere califfale o ai suoi sostituti politici locali; la sua percezione avveniva per il tramite di appositi funzionari di nomina califfale (gli "agenti", o *umala'*) che applicavano precisi tabellari nell'esigere quanto dovuto, o in cifre o in beni. Con la fine del califfato tale esazione divenne del tutto volontaria, ma non è venuta meno.

I fedeli musulmani infatti calcolano da sé quanto dovrebbero versare, così come provvedono autonomamente a destinare l'ammontare a organizzazioni di beneficenza, che offrono tutte le garanzie di "buon impiego", ovviamente seguendo i precetti e i dettami contenuti nel Testo Sacro, di quanto incassato.

Ad oggi lo zakat rappresenta uno dei metodi prediletti e più usati da parte del fondamentalismo islamico, per la raccolta di ingenti somme di denaro da destinare alla causa jihadista.

---

119 In tal contesto, si inserisce il dibattito sulla facoltà di ricovero di pazienti non musulmani in ospedali islamici, aperti in Occidente appunto con i fondi raccolti mediante lo zakat, e quindi destinati secondo alcuni ideologi ad un utilizzo esclusivo dei fedeli musulmani.

BIBLIOGRAFIA

Abir M., *Saudi Arabia: Government, Society and the Gulf Crisis,* Routledge, London 1993

Adams J., *The Financing of Terror,* Simon and Schster, New York 1986

Ahmad H., *The Gulf Crisis: The New World Order,* Islam International, Surrey, England 1992

Ahmed R., *Talebani,* Feltrinelli, Bologna 2010

Amis M., *Il secondo aereo,* Einaudi, Milano 2009

Aydnli E., *Implications of Turkey's anti-Hezbollah operation,* Washington Institute for Near East Policy, 9 febbraio 2000

Ballardini B., *Isis, il marketing dell'apocalisse,* Baldini e Castoldi, 2015

Balice S., *La lotta al terrorismo nell'Unione Europea,* Centro Studi per la Pace, 2003

Bearden M., *The Black Tulip: A novel of war in Afghanistan,* Random House, New York 1998

Benjamin, Daniel and Simon, Steven, *The age of sacred terror,* Random House, New York 2002

Bergen P.L., *Holy War, Inc: Inside the Secret World of Osama bin Laden,* The Free Press, New York 2001

Beverley M.E., *Hamas: The Islamic Resistance Movement,* Stephen Pharrell Polity Ed., 2011

Bobbit P., *Terror and Consent. The wars for the 21st Century,* Penguin 2009

Bonnier P., *Il ritorno del Califfato – L'Isis in Siria e Iraq,* Fuoco Edizioni, Roma 2015

Boyce J.K., *Economic Policy for Building Peace. The Lessons of El Salvador,* Lynne Rienner Publishers, Boulder 1996

Branca P., *Introduzione all'Islam,* San Paolo, Cinisello Balsamo 1995

Brown H., *The Strategic Defense Initiative: Shield or Snare?, Wastview Press for the Johns Hopkins Foreign Policy Institute, Boulder, Col. E Londra 1987*

Burke J., *Al Qaeda. La vera storia,* Feltrinelli, Bologna 2004 Campanini M., *Ideologia e Politica nell'Islam, fra utopia e prassi,* Il Mulino, Bologna 2012

Campanini M., *Storia del Medio Oriente contemporaneo,* Il Mulino, Bologna 2014

Campbell G., *Blood Diamonds,* Westview Press, Boulder 2002 (trad. it. *Diamanti di Sangue. Lo sporco affare delle pitere più preziose del mondo,*

Carocci, Roma 2003)

Caracciolo L., *America Vs America,* Editori Laterza, Roma-Bari 2011

Carlton D., *International Terrorism and World Security,* Croon Helm, London 1975

Castelvecchi A, *Al Qaeda: dall'Afghanistan a Madrid,* Castel- vecchi, Roma, 2004

Chossudovsky M., *Guerra e Globalizzazione,* Edizioni Gruppo Abele, Torino 2002

Coll S., *La Guerra Segreta della CIA,* Bur Rizzoli, Milano 2008

Cooley J.K., *Unholy Wars. Afghanistan, America and Interna- tional Terrorism,* Pluto Press, London 2000 (trad. it. *Una guerra empia. La CIA e l'estremismo islamico,* Eleuthera, Milano 2000)

Committee on Homeland Security House of Representatives, *From Al Shabaab to Al Nusra: How westerners joining terror gropus overseas affect the homeland,* Create Space Independent Publishing Platform, New York 2014

Conolli V., *Boko Haram. Nigerian's Islamist Insurgency,* Hurst and Co Ltd, New York 2015

Cordesman A.H., *After the Storm: The Changing Military Balance in the Middle East,* Westview Press, Boulder, Colo- rado; Mansell, London 1993

Cordesman A.H., *Economic, Demographic and Security Trends in the Middle East,* Center for the Strategic and International Studies, Washington DC 2002

Cremonesi L., Battista P., Farina M., *Che cos'è l'Isis,* Corriere della Sera, Milano 2016

Cronin, Audrey K. E Ludes, James M., *The campaign against International Terrorism,* Georgetown University Press, Washington DC, 2003

De Angelis S., *Il terrorismo nell'era postmoderna,* Amazon Publishing, Charleston, 2014

De Angelis S., *Pillole Liquide,* Tabula fati, Chieti 2015

De Angelis S., *Isis Vs Occidente,* Amazon Publishing, Charleston, 2016

Deffeyes K.S., *Hubbert's Peak: The Impending World Oil Shortage,* Princeton University Press, Princeton 2003

Deutch, John, Carter, Ashton e Zelikow, Philip, *Catastrophic Terrorism: Tackling the New Danger,* in Foreign Affairs 77, n.6, novembre-dicembre 1998, pp 189-204

Di Salvo M., *ISIS – La comunicazione globale del terrore,* Amazon Media EU 2015

Duffeld M., *The political economy of Internal War: Asset Tran- sfer, Complex Emergencies and International Aid,* in Joan- na Macrae, Anthony Zwi (a c. di), *War and Hunger. Rethinking International Responses,* Zed Press, London 1994

Emerson S., *American Jihad. The terrorist's living among US,* Simon and Schuster, New York 2002

Emiliani M., *Medio Oriente. Dal 1991 ad oggi,* Laterza, Bari- Roma 2012

Fallaci O., *La forza della Ragione,* Rizzoli International, New York 2004

Fallaci O. *Wake up Occidente, sveglia Occidente,*

Rizzoli Inter- national, New York 2002

Fouda Y., Fielding N., *Masterminds of Terror, the Truth behind the Most Devasting Terrorist Attack the World Had ever Seen,* Mainstream Publishing, Londra 2003 (Trad. it. *Le menti criminali del terrorismo: la verità nascosta dietro l'attentato terroristico più devastante che il mondo abbia mai vissuto,* Newton and Compton, Roma 2004)

Fraser T.G., *Il conflitto arabo-israeliano,* Il Mulino, Bologna 2009

Fuchs C., *Social Media: A critical Introduction,* Sage Punbs Ltd, New York 2013

Fukuyama F., *America al bivio,* Lindau 2006

Gabriel M., *Islam and Terrorism,* Charisma House, New York 2002

Galbraith P.W., *La fine dell'Iraq,* Mondadori, Milano 2007 Garton Ash T., *Free World,* Mondadori, Milano 2006

Gilles K., *Jihad: The trial of political islam,* Belknap Press of Harvard University Press, Cambridge, Massachussets 2002 Gilbert P., *Terrorism, Security and Nationality,* Routledge, London 1994

Giordana E., *Afghanistan,* Editori Riuniti 2007

Gnilka J., Bibbia e Corano. Che cosa li unisce, che cose li divide, Ancora Editrice, Milano 2006

Griffin B., *The Encyclopedia of Militant Islam,* London Center for Policy Research, Washington DC, 2016

Griffin M., *Reaping the Whirlwind: The Taliban Movement in Afghanistan,* Pluto Press, London 2001

Gunaratna R., *Inside Al Qaeda,* Columbia

Univeristy Press, New York 2002

Guolo R., *Il fondamentalismo islamico*, Laterza, Roma-Bari 2002

Guolo R., *Il Partito di Dio, l'Islam radicale contro l'Occidente,* Guerini e Associati, 2007

Haass R., *Intervention. The Use of American Military Force in the Post-Cold War World,* Brookings Institute Press, Wa- shington DC 1999

Habermas J., *L'Occidente Diviso,* Laterza, Roma-Bari 2007 Hamid T., *Inside Jihad. Understanding and confronting Radical Islam,* Ed. Tarek Abdelhamed, 2008

Hoffman B., *Inside Terrorism,* Columbia University Press, New York 1998

Hopkirk P., *The Great Game,* Oxford University Press, Oxford 1990

Huntington S.P., *The Clash of Civilizations,* Simon And Schuster Paperbacks, New York 1998

Jacquard R., *In the name of Osama Bin Laden, Global Terrorism and the Bin Laden Brotherhood,* Duke University Press, Durham (North Carolina) 2002

Jepel G., Milleli J.P., Gazaleh P., *Al Qaeda in its own words,* Belkamp Press 2009

Jurgensmeyer M., *Terror in the Mind of God,* University of California Press, Berkeley 2000

Kaldor M., *New and Old Wars. Organized Violence in a Global Era,* Polity Press, Cambridge 1999

Kepel G., *Al Qaeda. I testi,* Laterza, Roma-Bari 2006 Kissinger H., *The art of diplomacy,* Sperling Paperback, Boston 2012

Kepel G., *Le prophete et Pharaon. Aux sources des mouvements Islamistes,* Le Seuil, Parigi 2006

Kepel G., *A l'ouest d'Allah,* Le Seuil, Parigi 1996

Kepel G., *The roots of radical Islam,* Saqi, Londra 2005

Kepel G., Milelli J.P., *Al Qaida dans le texte,* PUF, Parigi 2006

Laqueur W., *The new Terrorism. Fanaticism and teh Arms of Mass Destruction,* Oxford University Press, Oxford 1999

Lewis A., <<Onward, Christian Soldiers>>, in *The New York Times,* 10 marzo 1983, p. A27

Lewis B., *Assasins, A Radical Sect in Islam,* Weidenfeld and Nicolson, London 2001

Lewis B., *Iraq. La guerra continua,* Rubbettino 2005

Linz J., Totalitarian and Authoritarian Regimes, Handbook of Political Science, vol. III, Reading, Addison Wesley 1975

Linz J., *Breakdowns of Democratic Regimes,* John Hopkins University Press, Baltimore 1978

Loughlin J., *Subnational Democracy in the European Union: challenges and opportunities,* Oxford University Press, New York 2001

Luttwak E., *Strategia, la logica della guerra e della pace,* BUR, Milano 2013

Lyon D., *Massima Sicurezza,* Raffaello Cortina 2005

Macqueen B., *An introduction to Middle East Politics,* Sage Punbs Ltd, 2013

Mailer N., *Perchè siamo in guerra,* Einaudi, Milano 2003

Mannheim K., *Ideology and Utopia,* Routledge and Kegan, London 1936

MaritainJ., *Dèmocratie et Autoritè,* in AA.VV., Le Pouvoir, vol.II, Presses Universitaires de France, Paris 1957

Marshall P., *Radical Islam's move to Africa,* in The Washington Post, 16 ottobre 2003

Martell L., *Sociologia della Globalizzazione,* Einaudi, Torino 2011

McGregory D., *UK Muslims Volunteers for Kashmir War,* in The Times, 28 dicembre 2000

Menze E.A., *Totalitarianism Reconsidered,* Kennikat Press, Port Washington 1981

Merton R.K., *Social Theory and Social Structure,* Free Press, Glencoe 1957

Millibank D., *International and Transnational Terrorism. Diagnosis and Prognosis,* CIA, Washington DC 1976

Molinari M., *George W. Bush e la missione americana,* Editori Laterza, Roma-BAri 2004

Molinari M., *Il Califfato del terrore. Perchè lo Stato Islamico minaccia l'Occidente,* Rizzoli, 2015

Moore B., *Social Origins of Dictatorship and Democracy,* Bea- con Press, Boston 1966

Murphy J., Webb B., Nealer P., *The ISIS solution. How uncon- ventional thinking and special operations can eliminate Radical Islam,* St. Martin Press, 2014

Mydans S., *Indonesian Conflict May be Breeding the Terrorists of Tomorrow,* in International Herald Tribune, 10 gennaio 2002

Napoleoni L., *ISIS. Lo Stato del terrore: chi sono e*

cosa voglionole milizie islamiche che minacciano il mondo, Feltrinelli, Bologna 2014

Napoleoni L., *Terrorismo S.p.a,* Il Saggiatore, Milano 2012 Newman P., *Joining Al Qaeda: Jihadist Recruitment in Europe,* Routledge, Boston 2009

Nieburg H.L, *Political Violence,* St.Martin's Press, New York 1969

Noja S., *Islam. Passato, presente e futuro,* Rizzoli, Milano 2005

O'Donnell G., *On the State, Democratization and some conceptual problems,* Working Paper 192, University of Notre Dame, The Helen Kellogg Institute for International Studies, aprile 1993

Olson M., *The logic of collective action,* Harvard University Press, Cambridge 1965

Olson M., *The Rise and Decline of Nations,* Yale University Press, New Haven 1982

Pirani M., *È scoppiata la Terza Guerra Mondiale?,* Mondadori, Milano 2005

Polito E., *Arafat e gli altri,* Data News, Roma 2002

Powell G.B., *Contemporary Democracies: Partecipation, Stability and Violence,* Harvard UniversityPress, Cambridge 1982

Quadrella Sanfelice L., *Terrorismo fai da te. Inspire e la propa- ganda online di AQAP per i giovanimusulmani in Occidente,* Aracne, Roma 2013

Quirico D., *Il Grande Califfato,* Neri Pozza, Milano 2015

Reagan R. *Osservazioni sulla Conferenza Annuale di Washing- ton,* 22 febbraio 1983, in *Public Papers of the Presidents of the United States, Ronald*

Reagan, U.S. Government Printing Office, Washington DC, 1982-90, Vol. 1983, libro I, p.270 (in seguito citato come *Reagan Papers)*

Reeve S., *The New Jackals. Ramzi Yousef, Osama bin Laden and the Future of Terrorism.* Andrè Deutsch, London 1999

River C., *The Islamic State of Iraq and Syria. The history of ISIS/ISIL,* Create Space Independent Publishing Platform, New York 2014

River C., *Boko Haram: The history of Africa's Most Notorious Terrorist Group,* Charles River Editors, New York 2015

Riker W.H., *Liberalism against Populism: A Confrontation Between the Theory of Democracy and the Theory of Social Choice, Freeman,* San Francisco 1982

Rossiter C., *Patterns of Liberty,* in Konvitz e Rossiter, (a cura di), *Aspects of Liberty,* Cornell University Press, Ithaca 1958

Rubenberg C., *The Palestine Liberation Organization, Its Institutional Infrastructure,* Institute of Arab Studies Inc., Belmont, Massachussetts 1983

Sartori G., *Democrazia. Cos'è,* RCS Libri, Milano 1993

Sartori G., *The Theory of Democracy Revisited,* Chatham House, Chatham 1987

Sartori G., *Elementi di Teoria Politica,* Il Mulino, Bologna 1990

Sciortino A., *L'Africa in guerra. I conflitti africani e la globalizzazione,* Baldini Castoldi Dalai Editore, Roma 2008

Sekulow J., *Rise of ISIS. A threat we can't ignore,* Howard Pub Co, 2014

Shapiro J., *The terrorist's Dilemma: Managing Violent Covent Organization,* Princeton University Press, Princeton 2013 Siddiqui M., *Differentiating Islam from Militant Islamist,* in

The San Francisco Chronicle, 21 settembre 1999

Sloan J., *Crusades in the Levant, 1097-1291,* in www.xenophongroup. com

Smith C., *Areas of Major Concentration in the Use and Traffic of Small Arms,* in Jayantha Dhanapala et al., *Small Arms Controls. Old Weapons, New Issues,* Ashgate, Aldershot 1999

Spark J., *ISIS taking over the Middle East,* Create Space Independent Publishing Platform, New York 2014

Stagliano G., *ISIS. Origini e obiettivi dello Stato Islamico,* Edizioni Eiffel, Caserta 2015

Sterling C., *The terror network. The Secret War of International Terrorism.* Widenfeld and Nicolson, London 1981

Streatfield D., *Storia del mondo dopo l'11 Settembre,* Newton Compton 2011

Tetly D., *Terrorists Active in Canada,* in Calgary Herald, 1 ottobre 2001

Thachuk K.L., *Terrorism's Financial Lifeline. Can it be Severed?,* Strategic Forum, Institute for the National Strategic Stu- dies, National Defense University, Washington DC, n.191, maggio 2002

Tibi B., *The Challenge of Fundamentalism, University of Cali- fornia Press, Berkeley 1998*

Toennies F., *Gemeinshaft und Gesellshaft,* trad.

it.: Comunità, Milano 1963

Townshend C., *La minaccia del terrorismo,* Il Mulino, Bologna 2004

Tottoli R. (a cura di), *Corano e Bibbia,* Atti del Convegno Internazionale "Corano e Bibbia", Napoli 24-26 ottobre 1997, Morcelliana, Brescia 2000

The Committee on Foreign Affairs, *ISIS and the threat from Foreign Fighters,* Create Space Independent Publishing Platform, New York 2015

United States Army War College, *Al Shabaab : The threat to Kenya and the Horn of Africa,* Create Space Independent Publishing Platform, New York 2014

Waldman A., *Master of suicide bombing: Tamil Guerrillas of Sri Lanka,* in The New York Times, 14 gennaio 2003

Walk M., *In the Financial Fight Against Terrorism, Leads are Hard Won,* in The Wall Street Journal, 10 ottobre 2001

Walzer M., *La libertà e i suoi nemici,* Laterza, Roma-Bari, 2003 Wells, Jonathan, Meyers, Jack e Mulvihill, Maggie, *War on terrorism: Saudi Elite Tied to Money Groups Linked to Bin Laden,* in Boston Herald, 6 maggio 2002

Witolear W., *Terror has Deep Roots in Indonesia,* in The Guardian, 16 ottobre 2002

Wright L., *The Counter-terrorist,* in The New Yorker, 14 gennaio 2002

Wright L., *The looming tower: Al Qaeda and the road to 9/11,* Knops, New York 2006

AUTORE

Stefano De Angelis (Chieti, 1986), si è laureato con
Lode in Sociologia all'Università degli Studi "G.
d'Annunzio" di Chieti – Pescara, discutendo una tesi
sperimentale sul fenomeno terroristico. Attualmente è
istruttore e docente di Terrorismo Internazionale e
Sicurezza Urbana presso la Questura di Chieti.
Consulente governativo, editorialista su quotidiani
italiani e statunitensi, blogger e autore di libri di
successo, è considerato tra gli studiosi più attivi e
promettenti sulla scena internazionale.
Spesso relatore di conferenze in alcune delle
istituzioni culturali più prestigiose del mondo,
interviene regolarmente su tv italiane ed estere come
Rai Uno, Rai Tre, TV2000, American Pulse e Tele
Mundo.
Tra i suoi libri di maggiore interesse ricordiamo "Il
terrorismo nell'era postmoderna" (Amazon
Publishing, Charleston 2013), il tascabile sociologico
"Pillole Liquide" (Solfanelli, Roma 2014) e il best
seller "Isis Vs Occidente" (Amazon Publishing,
Charleston 2015) venduto in oltre 82.000 copie in
tutto il mondo.